アメリカの対日政策を読み解く

Watanabe Soki
渡辺惣樹

草思社

アメリカの対日政策を読み解く◯目次◯

I　日米衝突の謎　15

Ⅱ　アメリカのロジック　95

Ⅲ　ルーズベルト神話　163

Ⅳ　干渉主義外交の代償　237

はじめに　日米関係を新たな文脈で読み解く時が来た

アメリカは自らが拡散した偽りの主張に自縄自縛になっている。二十世紀初頭から綿々と続けてきた間違った国民への説明と世界への主張が次第にその実態を露呈してきた。インターネットの普及さえなければ国民をミスリードし続けることができたかもしれない。しかし、メディア報道を通じて情報を操作できた時代は終わった。

今年（二〇一六年）は米大統領選挙の年である。今、民主・共和両党がそれぞれの候補の決定に熱い選挙戦に入っている。夏にはそれぞれの党の候補が決まり、十一月の大統領選を目指すことになる。民主党は昨年末ごろまでには元国務長官であったヒラリー・クリントンが最有力の立場にいた。しかし、二〇一六年に入ると、北欧的民主社会主義を理想とするバーニー・サンダース候補の急追を受けている。

自身の嘘がヒラリーの陰りの原因である。彼女は国務長官時代に「アラブの春」を演出した。アラブの人々の「自発的民主化運動」が「アラブの春」であり、アメリカ外交はそれを支援した。つまりヒラリーの外交が、独裁国家を次々に民主化させた、と国民に訴え、その「功績」の余勢を駆って大統領への道をひた走るはずだった。

しかし彼女は躓いた。リビアのムアンマル・カダフィ排除後の二〇一二年九月十一日、イスラム過激派によりクリストファー・スティーブンス駐リビア大使が殺害されたのである。殺害事件後に実施されたアメリカ議会の調査や証人喚問で、「アラブの春」はアメリカ主導の工作の結果であることが明白になったのである。けっして自発的な民主化運動ではなかった。ヒラリーは運動の振付師だった。

アメリカ国民は、ヒラリー外交に典型的な干渉主義的外交の反動を、いま現在進行形で経験している。リビアに残された大量の武器がトルコ経由でシリアの反政府軍の手に移されているらしいことはほぼ間違いない。シリアの大量難民の発生に自国アメリカの関与が疑われている。サダム・フセインが大量破壊兵器を保有していると嘘をついてイラク戦争止む無しに国論をまとめた共和党ブッシュ政権と同様に、オバマ政権になっても過度な干渉主義的外交は変わらなかった。これに辟易する国民は増えている。

それでもまだアメリカは世界の警察官であるべきだと考える者も多い。共和党主流派もその考えに立つ。例えば有力候補のドナルド・トランプもマルコ・ルビオ上院議員（フロリダ州）もタカ派的外交を主張している。ヒラリーの思想と共和党主流派の考えに大きな違いはない。世界の警察官外交はまだ続くであろう。

アメリカ国民も、日本人を含む世界の人々も、世界の警察官外交を続けるアメリカの姿に違和感を覚えない。しかし、アメリカ建国の父たちは、そのような国になることを望んではいなかった。ヨーロッパの揉め事には関与しない、そのかわりヨーロッパ諸国には南北アメリカ大陸に干渉させないという「モンロー宣言」（一八二三年）に典型的に現われているように、非干渉主義がアメリカ外交の基本であった。

アメリカは、カリブ海周辺あるいは太平洋方面でヨーロッパ諸国と角逐を続けたが、ヨーロッパ大陸に軍を遣ってヨーロッパ諸国の紛争に介入することはけっしてなかった。自由貿易帝国主義の先頭をひた走って世界に植民地を拡大した旧宗主国英国や、それに追随するフランスに対して、ひとりアメリカは、自由な精神を尊重する独立国家の立場を貫こうとした。

その孤高の精神を変質させたのはウッドロー・ウィルソン大統領であった。

イギリスには、大陸の最強国を叩き世界覇権を守るという伝統がある。ナポレオンが台頭したフランスを叩いたのもイギリスだった。ドイツ帝国が台頭し、世界各地でイギリスと衝突し始めると次のターゲットはドイツとなった。

オーストリア皇太子暗殺事件（一九一四年六月）をきっかけとして始まった大陸諸国間の紛争にイギリスは介入した。その口実は、ベルギーに対する古びた中立保証条約だった。ドイツ軍がフランス侵攻のためにベルギーを通過すると、その条約を発動させた。大陸での戦いはイギリスの安全保障に直接かかわらない。それでもチャーチルやロイド・ジョージなどの強硬派が介入に踏み切らせた。海上覇権を握るイギリスは、海上封鎖によってドイツの物流を閉塞させ食糧不足に陥らせた。イギリス参戦は大陸最強国ドイツを潰すためであった。それだけの理屈だった。

第一次世界大戦の原因をピンポイントに説明できないのは、イギリスの動機が不純であるからだ。イギリスはこの戦争を、民主主義国家対専制国家の戦いとすることに決めた。アメリカの支援を受けるためである。ドイツを「野蛮な国」、「危険な国」とする猛烈なプロパガンダが始まった。赤子に銃剣を刺したり、美女をさらうドイツ軍兵士のイラストが作成された。アメリカ国民の反ドイツ感情を煽るためだった。

国際主義者であったウッドロー・ウィルソン大統領は、イギリスに加担したかった。しかし当時はモンロー主義の歯止めが効いていた。イギリスの主張する「民主主義国家対専制国家の戦い」にも矛盾があった。

イギリスの同盟国ロシアはニコライ二世の統治する「専制国家」であった。ところが一九一七年三月（ロシア歴二月）、ロシア革命が起きた。これでロシアは専制国家ではないという言い繕いができることとなった。当時多くの知識人が、ロシア共産革命を民主化運動と解釈していた。この革命を契機に、ウィルソンの対独宣戦布告要請をワシントン議会が承認した（四月六日）。ヨーロッパの戦いへの参戦の正当化に「民主主義の擁護」が初めて使われた。モンロー主義の精神がここで崩れた。これに反対する者には「孤立主義者」のレッテルを貼った。モンロー主義者を非難する言い替えだった。

アメリカの参戦でドイツは敗れた。戦後処理にあたって、当事者となってしまったアメリカは、英仏の強烈な復讐心をコントロールできなかった。その結果が、ドイツを一方的に断罪し、国家再建が立ち行かないほどの賠償金を科したベルサイユ条約だった。国境の線引きでは、ドイツ系住民の多い地域でさえも他国の領土にされた。

アメリカ建国の父たちは、ヨーロッパ諸国の揉め事は当事国に解決させるべきであると考えていた。だからこそヨーロッパ問題不介入の国是を遺した。ヨーロッパは民族問題と宗教問題が錯綜し、その解決に部外者が入れば混乱に輪をかける。彼らは経験から学んでいた。

国際主義者ウィルソンは、ヨーロッパ問題介入の正当化に民主主義擁護を謳うだけでなく、民族自決原則も唱えた。それが国際連盟設立の根拠となった。国際連盟は設立を見たが、アメリカはメンバーになれなかった。メンバーとなれば、主権が制約される、外交の自由度が制限される、と心配した議会が拒否したからである。連盟のメンバーになれば人種差別撤廃を訴える日本にやり込められると、連盟参加に反対した者もあった。

日本は人種差別撤廃を連盟の基本構想の一つにすべきだと主張していた。ウィルソンはそれを退けた。メンバーにならなかった国による決定だった。ウィルソンは一九一六年の大統領選でカリフォルニア州の反日本人運動を煽る組織の支援を受けていた。娘婿のウィリアム・マカドゥー（財務長官）も人種差別主義者だった。造幣局に人種隔離政策を導入し白人種と黒人種の差別を首都ワシントンに初めて持ち込んだ男だった。

似非《えせ》人道主義者のウィルソンが、国是に背いてヨーロッパの紛争に介入した。恣意的に適用された民族自決原則に基づいて国境の線引きがなされた。それがベルサイユ体制だった。

第一次大戦の戦後処理に恨みを抱えたドイツ国民は、ヒトラー政権を誕生させた。ヒトラーは天才的とも言える演説の才で、民主主義制度を通じて国家権力を握った。彼は権力奪取以前からその著書『我が闘争』の中で、ドイツは東方を目指すべきだと訴えていた。ドイツ民族の「生存圏」拡大を訴えた。一方で、同族（チュートン族）のイギリスとは干戈《かんか》を交える気はないことを繰り返し述べていた。

軍事力、特に機甲部隊と空軍力を増強したナチスドイツは、実際、東方に向かった。ドイツ系住民の多いズデーテン地方を手始めに、東方進出の障害となるチェコスロバキアを併合（一九三九年三月）した。次の狙いは自由都市ダンツィヒの回復だった。この港町の九〇パーセント以上がドイツ系住民であったがポーランドの保護下にあり、ドイツからのアクセスはポーランド領（ポーランド回廊）で遮断されていた。ベルサイユ体制の不正義の象徴だった。

ヒトラーは、ダンツィヒとそこに至るアクセス権を何としても回復したかった。ダンツィヒの回復は、ベルサイユ体制への恨み解消の総仕上げであった。ポーランドはその軍事力に鑑みればどこかでドイツと外交的妥協をすべきであった。歴史的に見ても、ダンツィヒ割譲は不名誉ではなかった。ソビエトはポーランドにとってドイツ以上に危険であった。従って、ドイツとの外交的妥協はむしろ賢明な策だと見る識者は多かった。例えばハミルトン・フッシュ下院議員（共和党）がそうである。

しかしポーランドはその道を模索せずドイツの要求をことごとく撥ね付けた。イギリス（とフランス）がポーランドに独立保証を与えたからであった（一九三九年三月）。イギリスのチェンバレン首相は従来から、ドイツ以上にソビエトが危険だと認識していた。その彼がポーランドに独立保証を与える世紀の愚策を取ってしまった（フーバー元大統領『裏切られた自由』）。この保証でポーランドが強気になるのは当然だった。独ポ二国間交渉による外交的妥協が不可能になった。愚策の責任はもちろんチェンバレン首相にある。しかし、彼の対独外交を弱腰だと罵りチェンバレンにプレッシャーをかけ、道を誤らせたのはチャーチルらの対独強硬派であった。ドイツに対するチェンバレンの「対独宥和政策」は、裏を返せば「対ソ強硬政策」であった。ドイツを共産主義西進の防波堤とする構想であり、それが正しいと考える知識人は少なくなかった。

英国の安全保障に無関係なダンツィヒ問題へのイギリス介入にヒトラーは憤った。彼らのちょっかい（介入）の裏に、ソビエトの存在を疑った。その憂いを一掃させる妙手が独ソ不可侵条約（一九三九年八月二十三日）だった。犬猿の敵とヒトラーは手を握った。スターリンは条約締結の見返りにポーランド東部の領土化を要求していた。チェンバレンの愚策が生んだ外交ドミノだった。チェンバレンは戦後の史書ではその対独宥和政策が非難されている。しかし実はそれは賞賛されるべきであって、非難すべきは彼のポーランド独立保証である。

一九三九年九月一日、ドイツがポーランドに侵攻すると、英仏が対独宣戦布告した（九月三日）。ソビエトも九月十七日にポーランド東部に侵攻した。ポーランドを侵略したソビエトはドイツと同罪であったが、英仏は対ソ宣戦布告しなかった。

アメリカ国民は、イギリスがその安全保障になんの関係もないダンツィヒ問題でなぜ対独宣戦布告したか理解できなかった。ベルサイユ体制の不誠実さは既に多くの歴史家が指摘していた。アメリカの若者は犬死したと考える世論が主流となっていた。アメリカ国民の八〇パーセント以上が、ヨーロッパ紛争不介入の立場を取った。ウィルソンの失敗に懲《こ》りていた。一九四〇年六月にはフランスが降伏した。七月からは英国上空で航空戦が始まり、ロンドンなどの主要都市が爆撃された。それでも米国世論は動かなかった。

一九四〇年十一月には大統領選挙があった。ルーズベルトは最長二期八年の不文律を破って再選を目指した。選挙戦ではルーズベルトもヨーロッパ紛争非介入を公約にせざるを得なかった。そして三選を果たしたが、非介入の世論と自らの公約の前に身動きが取れなくなっていた。

世論を変えるにはドラスチックな事件が必要だった。ルーズベルトの足枷だったアメリカ世論を一気に変える事件が起きた。日本の真珠湾攻撃である。アメリカ国民の目は現在進行形のヨーロッパの戦争に釘付けだった。ルーズベルト政権が、日本の息の根を止める外交を繰り広げていることなど知りもしなかった。日本の対中外交を変えさせる日米二国間交渉が進んでいることは知っていたが、中国問題はアメリカの安全保障に何の関係もない。対日経済制裁も石油全面禁輸にも関心がなかった。日本の石油輸入の九〇パーセントがアメリカ産で、それを止められた日本が自暴自棄になることなどに思いも至らなかった。真珠湾攻撃で、アメリカ国民は後頭部から突然殴られたように感じた。卑怯なだまし討ちだった。

いまでは、真珠湾攻撃前の経済制裁は戦争行為そのものだったことはアメリカ軍関係者の常識になっている。ルーズベルト政権中枢には多数のソビエトのスパイや容共的官僚が潜入していた。そのことは、フーバー元大統領の著作や「ヴェノナ文書」で明らかだ。極東方面では日本の圧力から解放されたかったスターリンは日米の対決を欲した。政権に潜り込んでいた容共派官僚がその意を汲んで行動していた。

ルーズベルトの容共外交はソビエトを軍事大国に変貌させ、世界各地に共産主義思想を拡散させた。戦前のドイツはアメリカの安全保障には何の影響もなかったが、戦後のソビエトの世界革命思想はアメリカの安全保障に直結した。

アメリカは自らの創造した怪物ソビエトと新たな戦いを始めなくてはならなくなった。ソビエト拡張、共産主義思想の防波堤となっていた二つの強国日本とドイツはアメリカ自身で破壊した。朝鮮戦争もベトナム戦争も共産主義者との戦いだったが、実質アメリカ一国で戦わざるを得なくなった。ソビエトを怪物にしたのはルーズベルトだった。若者を共産主義国との戦いの場に送り出さざるを得ない時に、政権要路は、その〝敵の育ての親〟が自国の大統領であったとはとても言えない。「ヨーロッパと極東の戦いは局地戦だった。アメリカが参戦せず、何らかの外交的仲介役を果たしていれば世界大戦にならなかった」とする歴史解釈は、ソビエトとの現実の対決を前にしてタブーとなった。

戦後、共産主義思想は世界に伝播した。拡散を防ぐためにアメリカは世界の警察官にならざるを得なくなった。世界の警察官外交がアメリカ国民の常識になってしまったのである。モンロー主義は消えてしまった。そして二十一世紀の今日、冒頭に書いたように世界の警察官外交は転機を迎えている。世界を不安定にしている元凶がアメリカではないかと疑われ始めているのである。

これが私の近現代史の解釈である。アメリカの対日政策の変遷もこの文脈上で読み解かねばならないと思っている。日本の戦後の歴史教育の教えとは全く違っているが、多くの資料を読み込んだ結果、たどりついた歴史観である。「歴史修正主義」史観と揶揄《やゆ》されている内容だと言ってもよい。私には歴史を解釈するための「主義」はない。残された資料によって合理的に歴史を理解したいと思うだけである。

私のように考える歴史家は少なくない。これに対する大方の批判は、「歴史修正主義者」なるレッテルを貼って事足れりとするのみで、資料をベースにした真摯な議論が許されない感がある。とりわけルーズベルトの外交批判を許さない空気は米国に根強い。日独は破壊されることが当然の「極悪国」であったという主張を押し通す以外に、ルーズベルトやチャーチルの外交の失敗を覆い隠せないからであろう。

本書は、アメリカの対日政策をテーマとして各誌に発表した論考と著者インタビュー、および私が翻訳した著作に付した訳者あとがき等を纏めたものである。読者におかれては本書の論考を批判的に読んでいただきたい。そして自問することを勧めたい。

「ルーズベルトはなぜ、ハル・ノートの存在を真珠湾攻撃前もその後も議会や国民に隠そうとしたのか」

「イギリスは、ドイツと同様にポーランドを侵略したソビエトには宣戦布告しなかった。それはなぜか」

「ルーズベルトを擁護する史家は政権にはかり知れない影響を与えたソビエトのスパイや容共派高官の影響になぜ触れようとしないのか」

私は主義主張で歴史解釈をしないと書いた。私の解釈と違っていても、合理的に納得できる答があれば、じっくりと耳を傾けたいと思っている。

なお収録論考は一部初出に加筆し、若干の修正を加えたことをお断りしておく。初出誌は各論考、インタビューの最後に記させていただいた。

I　日米衝突の謎

日米戦争の知られざる「原点」——フィリピンと対日外交

一八九八年十二月十日、フランスのパリである講和条約が調印をみた。アメリカとスペインが米西戦争を終結させたのである。実際の戦闘はわずか半年ばかりで終わり、米国が勝利したが、この戦争は世界の勢力図を大きく塗り替えてしまった。歴史上、パリで締結された条約は数多いだけに、この条約は「一八九八年のパリ条約」と呼ばれている。アメリカ議会図書館のホームページでは次のように説明されている。

「パリでの交渉議題は（戦争の原因となった）キューバ問題が中心であった。しかし、両国の間で揉めたのは、むしろフィリピンの扱いであった」

「デューイ（米）提督のマニラ湾海戦の勝利は世界を驚かせた。フィリピンはわが国の（西）太平洋進出の橋頭堡となった。スペイン側は、マニラでの降伏は休戦協定後であり、占領地域とみなすことは出来ないと主張した。（中略）最終的に、わが国がスペインからフィリピンを二千万ドルで購入することで合意した」

こうして十月一日から始まった二カ月半にもわたる交渉が合意をみたのである。アメリカは、スペインの苛烈な植民地支配からキューバ人を解放しようと戦いを始めたとされる。しかし実はアメリカの狙いはそんなところにはなかった。プエルトリコの領土化と、ハワイの併合を目的とした戦いであった。これについては拙著『日米衝突の根源 1858―1908』（草思社）で詳述したが、この時代のアメリカの安全保障の最大の課題は、大西洋及び太平洋の二つの大洋からの同時攻撃からいかに国を守るかであった。パナマ運河のない時代のアメリカ海軍には両洋を同時防衛する能力はなかった。それだけに、どちらの大洋にも、守りの要《かなめ》の軍港を確保しておかなければならなかった。

プエルトリコは、大西洋を西進する艦船がどうしても給炭地として利用せざるを得ない位置にあった。そこには水深も十分な良港サンファンがあった。プエルトリコは、将来必ず建設されるパナマ運河の北東千九百キロメートルの位置にあり、言ってみれば運河防衛の〝鬼門〟であった。プエルトリコは上記のパリ条約でアメリカに割譲され、現在ではアメリカの準州となっている。

ハワイの併合はこの条約とは直接の関係はない。しかし、海軍次官であったセオドア・ルーズベルトや海軍大学の戦略家アルフレッド・マハンらは、太平洋シーレーンの要たるハワイをできるだけ早い時期に領土化しておきたかった。ハワイ革命（一八九三年）後に成立したハワイ共和国の白人指導者もそれを望んでいた。

しかし併合に必要な上院の三分の二の賛成が得られなかった。ルーズベルトらは、ハワイの地政学上の重要性がわからない〝馬鹿野郎政治家〟に苛立っていた。そこで彼らはうまい考えを思いつき実行した。対スペイン戦開始と同時に、キューバとはなんの関係もないスペイン領フィリピンを攻撃し、同地に戦場を作り上げたのである。フィリピンが戦場になれば、ハワイがロジスティックス上の拠点にならざるを得ない。陸軍はみなハワイを経由してフィリピンに渡って行ったのである。ハワイ共和国は開戦と同時にアメリカへの全面協力を宣言し、ハワイにやって来たフィリピン行きの兵士を大歓迎した。フィリピンでの戦いが始まってやっと、〝馬鹿野郎政治家〟もハワイの安全保障上の価値を理解した。一八九八年七月四日には併合案を上院が可決した。同七日にはマッキンリー大統領が承認し、八月十二日にはホノルルに星条旗が揚がったのである。

アメリカは米西戦争で〝パナマの鬼門〟プエルトリコと、〝太平洋のジブラルタル〟と称されるハワイを領土化してスペインとの戦いの目的を達成した。キューバそのものは領土化しないことは、開戦の前から決められていた（テラー修正条項）のである。

さて問題はフィリピンであった。ヨーロッパ諸国とは違い、アメリカは伝統的に植民地獲得に積極的ではなかった。アメリカ国民の多くはフィリピンがどこにあるのかも知らなかったし、知識人も太平洋の西の果ての諸島を領土化することに猛烈に反対した。アメリカはヨーロッパ列強の進める帝国主義的外交に追随してはならない。そう主張するグループが激しい反領土化運動を開始した。その筆頭が「反帝国主義者連盟」であった。共和党政権の有力な支援者である鉄鋼王カーネギーもその運動の中心にいた。個人資産でフィリピンを買い上げ、フィリピン民族を独立させることまで提案し、植民地化に反対した。

もともとフィリピンの将来について、何の設計図も持っていなかったマッキンリー大統領の悩みは深刻であった。

「私は正直に告白しなければならない。フィリピンがわが国のふところに入ってくることになった時、実はこの島をどうしたらよいのか私にはわからなかったのである。ある晩、なぜかはわからないがよい考えが浮かんだ。まず第一にこの島をスペインに返すことはできないということだ。国家として卑怯でかつ不名誉なことである。第二に（もし何もしないでおけば）この島をフランスやドイツに差し上げるようなことになってしまうだろう。両国とも東洋における商売仇である。第三に、この島をフィリピン人に任せてしまうこともできないことだ。彼らには自治は無理だ。彼らに渡してしまえば無政府状態となるだろう。スペイン支配時代以上の悪政が現出しよう。そうなると四番目の方策しか、われわれには残されていないことになる。つまりフィリピン全土を領土化し、フィリピン人を教育することである。彼らの啓蒙を進めキリスト教徒化していく。われわれにできることは神の加護を祈りながらそれに邁進することである」（『日米衝突の萌芽 1898―1918』草思社、五八―五九頁）

この告白でわかるように、フィリピンはアメリカにとって二つの重要な意味を持つことになる。一つはフィリピンが、アメリカのレゾンデートルでもある西漸運動のフィナーレを飾る地になったことである。アメリカは「野蛮な原住インディアン」を啓蒙しながら西へ西へと国土拡張を進めてきた。その過程で少々残虐な戦いがあっても、彼らを啓蒙できれば、彼らも結局は文明の恩恵を受けられる。その作業を成功させることこそがアメリカが神から付託された「明白なる宿命（manifest destiny）」であった。「明白なる宿命」の終章を飾る土地がフィリピンになった。フィリピンの〝土人〟を見事なほどに文明人に変貌させれば、アメリカ西漸運動は美しい光を放って終えることができるのである。

もう一つ、大統領の告白からわかることがある。他のヨーロッパ諸国もフィリピンを狙っていた事実である。実際ドイツはフィリピンを狙っていた。別掲に一九〇〇年頃の西太平洋の勢力図を載せておいた。ドイツが西太平洋の島々を着々と植民地化していたことは一目瞭然である。フィリピンを領土にできれば、西太平洋の〝ドイツの湖〟化がほぼ完成することがわかる。軍事的視点からみたフィリピンは、ドイツの野望を阻止するためにアメリカが唯一確保した拠点だった。米領ハワイからグアムを通じた細い補給線だけに頼る危うい新領土であった。

こうしてフィリピンは「西漸運動のフィナーレを飾る地」であると同時に「西太平洋の〝ドイツの湖〟化を阻止する地」の二つの意義を持つこととなった。

アメリカが新領土フィリピンの防衛を真剣に研究せざるを得なくなったのは当然である。一九〇三年七月には陸海軍合同会議（議長はデューイ提督）を設置している。

ここで不思議なことが起こる。合同会議の対日戦争の本格的研究（一九〇六年）を待たず、セオドア・ルーズベルト大統領（マッキンリーの暗殺〈一九〇一年九月〉を受けて副大統領から昇格）やルーツ国務長官は、フィリピンの安全保障を脅かす国は日本であることに気づくのである。

青島《チンタオ》をベースとするドイツ東洋艦隊は規模も小さく、アメリカ海軍同様にロジスティックスに問題を抱えていた。しかし、日本は、わずか一週間足らずで大艦隊をマニラに派遣できた。ロジスティックス上の不安もない。フィリピン独立を主張するエミリオ・アギナルドらの民族派は日本に支援を求めていた。フィリピンの安全保障を脅かす国の筆頭はドイツではなく日本であったのだ。この時代のアメリカの日本に対する恐れを、現代日本人が理解することは簡単ではない。

西太平洋における日本・米国・ドイツ領（1900年前後）

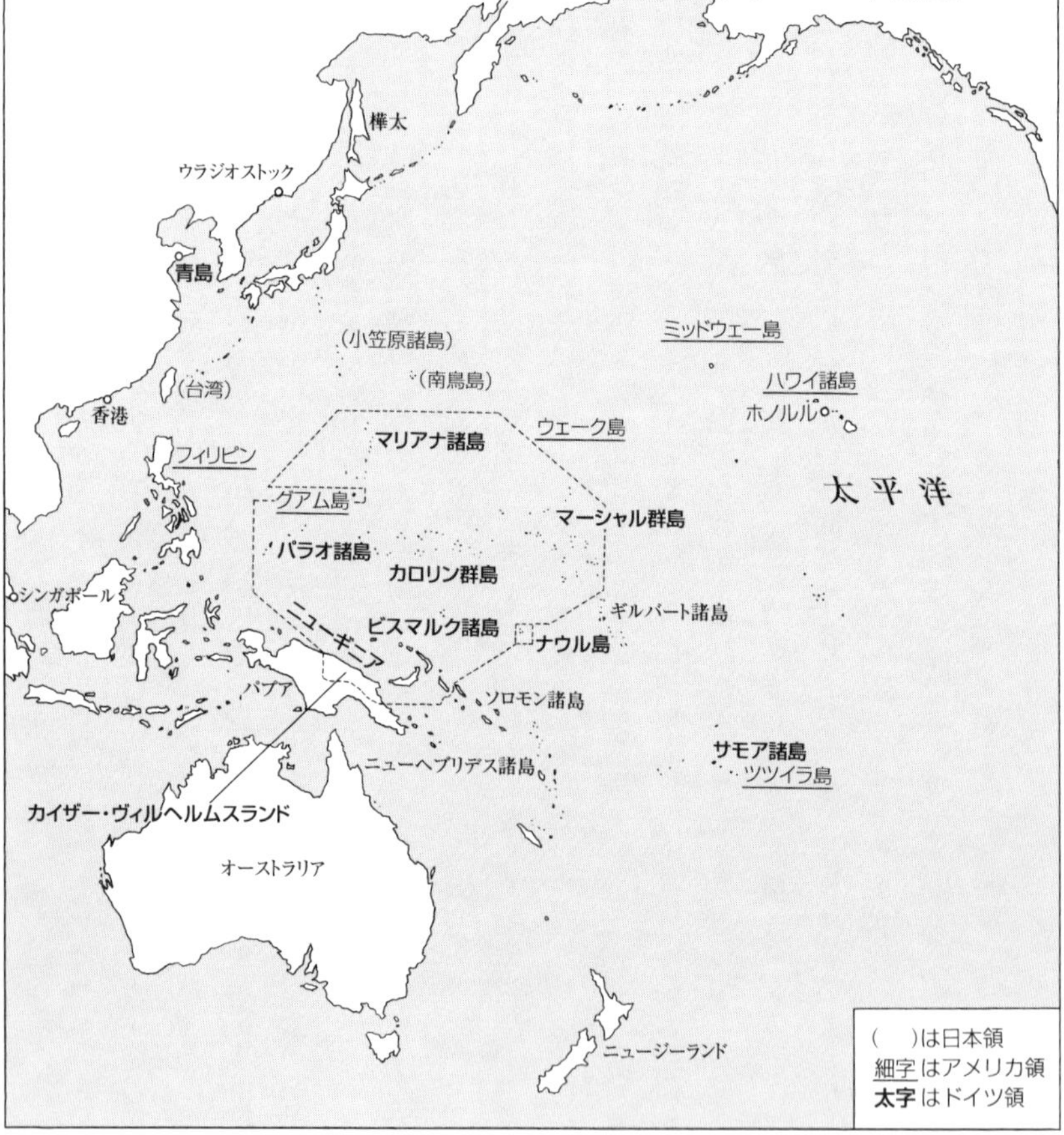

日本の目を絶対に南に向けさせない。それがルーズベルトのアジア（対日）外交の基本となった。ルーズベルトは日露戦争の最中に、愛娘アリスと腹心タフト陸軍長官を東京に派遣し、桂・タフト密約を締結した。フィリピンと朝鮮をバーターしたのである。ポーツマスの日露交渉では、日本側に密かな配慮を見せた。朝鮮の二枚舌外交に悩まされていた日本がその外交権を剝奪すると（第二次日韓協約、一九〇五年十一月）、米国は真っ先に漢城（現ソウル）の公使館を引き払った。日本の目を北に向けさせる外交の始まりであった。

（「明治　日米戦争　知られざる『原点』」『文藝春秋』文藝春秋、二〇一三年十一月）

『日米開戦の人種的側面　アメリカの反省１９４４』を語る

アジア人排斥連盟（the Asiatic Exclusion League）のカナダ・ブリティッシュ・コロンビア州支部が結成されたのは一九〇七年のことです。メンバーの中心は労働組合員で、彼らの標的は国際貿易港バンクーバーに流れ込む支那人や日本人労働者でした。支那や日本からやって来た、低賃金を厭わない「奴隷」労働者は、炭鉱や魚の缶詰工場あるいは港湾作業場に溢れていました。

カナダにやって来たアジア人労働者は、一九〇七年だけでも一万一千に及んでいます。経営者層には重宝なアジアからの低賃金労働者は、白人の労働組合にとっては黄色い悪魔でした。彼らの恐怖が怒りに変わり爆発したのは、一九〇七年九月七日のことです。

「数千人の男たちがバンクーバーのダウンタウンにある市役所前に集まってきた。手に手に『カナダは白人の国（Keep Canada White）』『カナダを黄色い人種から守れ（Stop the Yellow Peril）』と書いた横断幕を掲げ、鉱山王ダンズミュアを模した人形を焼いた。彼は支那人を積極的に雇っていた男だった」

「群集をアジっていた男が、近くにあるチャイナタウンに向かえと叫んだ。そこにはリトルトーキョーもあった。群集は支那人や日本人の暮らす町で四時間にもわたって破壊行為の限りを尽くした。

店の窓ガラスを割り、商品を掠奪した」

「支那人たちは無抵抗であったが、日本人はこの暴徒に立ち向かった」*1

日本が日露戦争に勝利したことで、白人種のアジア人種への恐れはカナダ西海岸だけの現象ではなくなりました。この日にはワシントン州アベルディーンで、東インドからやって来たヒンズー教徒と白人労働者が衝突しています。似たような人種間衝突はサンフランシスコ（五月二十、二十一日）、オレゴン州ボーリング（十月二十一日）、ワシントン州エヴェレット（十一月二日）、カリフォルニア州ライブオーク（一九〇八年一月二十七日）と連続しています。北米太平洋岸は反オリエンタルの憎悪に満ちていたのです。

ヨーロッパ諸国は、アメリカと日本がもうすぐ戦争を始めると思っていました。あまりの日本人排斥運動の過激さに、誇り高い民族の国日本が傍観するはずはないと考えたのです。

セオドア・ルーズベルト大統領が、万一日本との戦争が現実のものになった場合を想定し、メトカーフ海軍長官らと戦略会議を開いたのは、一九〇七年六月二十七日。この会議でアメリカ大西洋艦隊を日本に派遣し、アメリカ海軍力を日本に誇示することを決めています。

十月には、日本との緊張関係を緩和するため、大統領はウィリアム・タフト陸軍長官を東京に派遣し、西園寺公望《きんもち》首相と会談させています。タフトの日本訪問は一九〇五年に続いての訪問でした。アメリカは日本との衝突を回避する道を選択したのです。

一九〇七年から〇八年は、日米の衝突は避けられないのではないかと思われていた時期でした。しかし戦後に教育を受けた者はこの時代の緊迫感を知りません。日米の緊張関係を学ぶのは一九二四年の排日移民法からです。

しかし日米の緊張はそのずっと以前から存在していたのでした。一九〇七年当時、アメリカやカナダに移民した日本人は町を歩くことさえ怖かったに違いないし、日本は同胞がそうした扱いを受けることに我慢がならなかったのです。

本書『日米開戦の人種的側面 アメリカの反省1944』[*2]の著者カレイ・マックウィリアムスは、カリフォルニア州の特異な歴史と人種観を分析し、一九〇〇年にはすでに、日本とカリフォルニアの間に人種戦争が勃発していたことを論じています。

太平洋がアジアとアメリカを分かつ障害物から、アジアとアメリカを繋ぐハイウェイとなったのは、太平洋汽船航路の開設（一八六七年）に続いて大陸横断鉄道が完成した一八六九年のことでした。爾来、カリフォルニアはアジア人やアジア文化と接する最前線となります。

しかし、カリフォルニアの白人種は黄色いアジア人種を受け入れるほどには成熟していなかったのです。異種のウイルスを拒否するように、カリフォルニアはアジア人の排斥を始めたのです。

このカリフォルニアの人種偏見に、黒人隔離政策を墨守する南部諸州が加勢します。カリフォルニアでアジア人を平等に扱われたら、南部の黒人隔離政策に批判が及ぶのは避けられなかった。南部諸州にとってカリフォルニアにはアジア人を排斥し差別してもらわなければならなかったのです。

そこに東部のＷＡＳＰ（ホワイト・アングロサクソン・プロテスタント）も加わってきます。ＷＡＳＰはアメリカ建国以来の支配民族でしたが、移民の流入で少数派に転落する恐怖感にさいなまれていました。ロシアに勝利した黄色人種日本人はＷＡＳＰの人種的優秀さを脅かす象徴でした。

二十世紀初頭のアメリカは、アジア人を受け入れるほどには成熟していなかったのです。マックウィリアムスはこの時代のアメリカを手厳しく批判しています。アメリカが人種偏見をやめない限り、アメリカの将来は危ういと憂えるのです。

本書ではその多くのページが、真珠湾攻撃後に実施されていた日本人強制収容政策の批判に費やされています。しかしこの書の真骨頂は、カリフォルニアの歴史的な特異性を分析し、そこから不可避的に発生した人種偏見形成過程の考察（「第一章・カリフォルニアの特異性」及び「第二章・カリフォルニア州の対日戦争（一九〇〇年から四一年）」）です。

彼が本書を世に問うたのは、未だ日本との戦いが続いていた一九四四年のことです。読者は、この時期にこれほど日本人を好意的に、いやもっと正確に言えば公平な目で、分析する書物がアメリカ国内で出版されていることに驚きを覚えるに違いありません。

もちろん日本との戦いの進行中に出版されているだけに、著者はその表現に苦心しています。随所に日本の為政者を、そして日本人気質を批判する記述がありますが、それは日本や日本人を批判しながら、実はアメリカ本国の政治家に対する批判でもあることには注意しておく必要があるでしょう。一九四四年においてはやはり指桑罵槐《しそうばかい》による権力者批判が必要だったのです。

私たち日本人にとって、なぜあの戦争を戦わなければならなかったかを問い続ける作業はこれからも続くでしょう。あの時代をリードした政治家や軍人を批判するのはよい。しかし、私たち日本人同胞が、黄色い肌を忌み嫌う白人種の敵対の中で生きていた現実は忘れてはならないのです。

日本人の私がその恐怖を語る書を記すことは、もちろんできるでしょう。しかし、日本人差別、アジア人差別が続いているその渦中にあった同時代人、マックウィリアムスの語りには遠く及びはしないでしょう。

あの戦争以来、私たちの人種観は大きく変わりました。私はその変化の程度はアメリカにおいてこそ激しいものであったと信じています。多くの日本人は一八六一年から六五年にかけて争われた南北戦争は奴隷解放の戦争であると教育されています。しかし当時の資料を丹念に読み解けば、南北戦争はけっして奴隷解放を目的としてはいないことがわかるのです。

南部諸州の離脱はリンカーンが大統領就任前に始まっていました。リンカーンが大統領選挙に当選しただけで南部諸州は連邦からの離脱を決めています。実はリンカーンは奴隷解放宣言（一八六三年）で示された過激な奴隷解放など考えてはいませんでした。大統領就任前のリンカーンの言葉は、彼自身も白人の優位性を疑ってはいなかったことや、彼の進めるだろう奴隷解放の政策は極めて緩やかなものになることを示唆していました。リンカーンの奴隷解放宣言の本質は、南部連合を支援するイギリスとフランスに軍事介入の口実を作らせない高等な外交政策と考えるのが、より適切なのです。

イギリスにもフランスにも、アメリカが二つに割れることを望んでいる勢力がありました。大国となるポテンシャルを持つアメリカが二つになって欲しかったのです。軍事介入し、停戦を実現し、南部連合を国として承認したかったのです。奴隷制度を忌み嫌う英仏内の知識人リーダー層を刺激して、英仏両国に、奴隷制度維持の南部連合に軍事的肩入れをさせないことがリンカーン大統領とその右腕であったソワード国務長官の戦略でした。アメリカの政治家の本音は、黒人は白人と同等などと考えるものではなかったのです。

あの南北戦争は保護貿易思想で国内産業を保護育成したい北部諸州と、イギリスとの自由貿易による利益を享受し続けたい南部諸州の関税政策を巡るいがみ合いが、その根本原因であったことは、拙著『日米衝突の根源　1858―1908』で詳述しましたから、ここでは語りません。心にもない奴隷解放を実施してしまったアメリカは、その後遺症に悩み続けるのです。

南部諸州を支持した民主党は、南北戦争の敗北で壊滅的打撃を受けるのですが、戦後は一貫してかつての白人優位を回復する政策を標榜して、その勢力の回復を図ってきました。彼らの進める「強固なる南部政策（Solid South）」では黒人隔離政策は当たり前でした。十九世紀末から二十世紀初頭のアメリカでは、南部民主党の勢いが盛んになってきた時期でした。その民主党にとって、一九〇〇年前後に始まったカリフォルニア州をはじめとする太平洋岸諸州の反日本人運動は、勢力拡大の絶好のチャンスだったのです。

十九世紀後半のアメリカ知識人は日本に概して好意的でした。日本人は「アジアのヤンキー」であると本気で考え、日本の近代化を助けました。一九〇一年にマッキンレー大統領の暗殺を受けて副大統領から大統領職についたセオドア・ルーズベルトは、そうした知識人の一人でした。西海岸の日本人排斥の原因は、日本人が帰化不能人種と規定されていることにあるといち早く気づいたルーズベルトは、議会に日本人を帰化可能人種にすることを検討させました。しかしその提案は一蹴されてしまうのです。

一九〇四年の大統領選挙でルーズベルトは勝利します。しかし南部諸州ではすべて敗北したのです。黒人隔離政策を推し進める民主党は、少なくとも南部諸州では復権したのです。民主党の真の復権は一九一二年の大統領選挙で達成されました。当選したのは民主党のウッドロー・ウィルソンでした。彼は劣勢であったカリフォルニアの票を得るために、日本人排斥を主張する労働組合のリーダー連中にその支援を約束したのでした。

第一次大戦後の国際連盟設立にあたって、人種間の平等をその設立趣意に盛り込もうとする日本全権・牧野伸顕《のぶあき》の主張をウィルソンが一顧だにしなかったのは、彼の出身基盤である民主党の復権の歴史を顧みれば当然のことでした。

マックウィリアムスは日本人分析の中で、日本人は粗末な衣服をまとい、わずかな所持金でやって来たが、「日本文化という所持品」を持っていたことも日本人への差別の原因になったと述べています。また、いつでもまとまって行動し、必要に応じて日本領事館に駆け込む態度があったことを日本人の負の特性として描写しています。

「彼らの文化が人々をあたかもモザイク画のようにしっかりと一体化したのだった。日本人移民にとっては仲間内の関係が極めて重要な意味を持っていた。彼らは家族そして共同体の価値観が個人のそれよりも重要と考えていた。伝統的な価値観に支えられた大きな擬似家族集団。カリフォルニアの地にあっては、それは特異な集団であった」

そのことは確かに日本人集団を目立たせてはいましたが、そうした特異性も反日本人のプロが騒ぐまでは、ほとんど気にもならなかったことだったのです。すべての民族はそれぞれ一風変わった習慣や文化を持っています。アイルランド人もイタリア人もユダヤ人も、その意味では日本人と同じように特異な集団であることに変わりはありませんでした。

それにもかかわらず、なぜ日本人の特殊性だけが際立たされることになったのか。マックウィリアムスは、反日本人勢力と結びついた新聞メディアがその張本人だとして厳しく断罪しています。「一九四三年三月二十三日付の『ロサンゼルス・イグザミナー』紙は『太平洋をめぐる戦いは東洋人種と西洋人種の戦いである。どちらが世界の支配者になるかの戦いなのである』と主張していた」

カリフォルニアでは、反日本人の狂気がメディアの世界をも覆い尽くしていたのです。そんな病に侵された土地にあっては、日本人の一挙手一投足が嫌悪の対象に成り果てていったのです。

マックウィリアムスの著作の後半は、日本人強制収容の実態の描写に費やされています。その描写から、日本人移民が被った悲しみは十分すぎるほど伝わってきます。その事実を知ることは確かに重要ではありますが、私には彼が歴史的分析を通じて明らかにしたアメリカの人種差別の真因にこそ、この著作の本当の意義があると感じています。

マックウィリアムスが指摘する「カリフォルニアの対日戦争」は、もうひとつ重要な視点を提供してくれます。それは、石油に象徴される日本のエネルギー供給元がカリフォルニアであったという事実と重ね合わせることで、より明確になります。

一九二〇年代にもロサンゼルス周辺に続々と大型油田が発見されました。ハンティントン・ビーチ油田（一九二〇年）、サンタフェ・スプリング油田（一九二〇年）、シグナルヒル油田（一九二一年）。そして日本は次第にカリフォルニア産の石油に依存していくことになります。日本の石油の九割がアメリカからの輸入となり、その八割近くはカリフォルニアに産する石油だったのです。

反日本人のメッカである「カリフォルニア共和国」にエネルギーを極端なほどに依存していた戦前の日本人の恐怖を、私たちは忘れてならないでしょう。アメリカへのエネルギー依存度を何とかして下げたいと考えるのは、日本の安全保障を担う者にとっては当然の責務でした。

それにしても、アメリカは黒人差別に象徴される人種差別の呪縛からあの戦争を経ずして解放され得たのだろうかと、つくづく思います。アメリカの最近の歴史研究では、なぜ日本は負けることがわかり切った戦争を決意したのかについての真摯な議論が出てきています。そうした研究では、日本の軍国主義化がその原因であるとするような、黴《かび》の生えた議論はありません。なぜ日本をそこまで追い込んだのかを自省的に分析する研究が増えているのです。人種差別問題もエネルギー問題も、そうした研究に重要な材料を提供しています。

いつか、そうした最新の研究を紹介することができたらとも考えています。

（「『日米開戦の人種的側面　アメリカの反省１９４４』を語る　日米戦争は『人種戦争』だった」『歴史通』ワック、二〇一三年一月）

注

＊１　Anti-Asian riot in Vancouver: 1907.
http://marcialalonde.weebly.com/uploads/9/3/8/2/9382401/anti-asian_riots.pdf

＊２　カレイ・マックウィリアムス著　渡辺訳、二〇一二年、草思社。原題：*PREJUDICE Japanese-Americans: Symbol of Racial Intolerance*, Little, Brown and Company, 1944.

二十世紀初頭のカリフォルニアで始まっていた対日戦争

太平洋戦争中の一九四四（昭和十九）年に出版された本書『日米開戦の人種的側面 アメリカの反省１９４４』の原題は『人種偏見 日系アメリカ人：アメリカの人種的不寛容のシンボル』（*PREJUDICE Japanese-Americans: Symbol of Racial Intolerance*）である。著者のカレイ・マックウィリアムスは、一九〇五年生まれの法律家で、一九三八年に時のカリフォルニア州知事カルバート・オルソン（Culbert Olson）に請われ、移民・住宅局長として同州の移民受け入れ政策の責任者をつとめた。

マックウィリアムスはその職責にあったとき、カリフォルニア州の歴史的な特殊性を学び、季節労働者に対する大規模農家の苛烈な扱いを見聞することになる。そうした経験から彼は、農業にたずさわる労働者への温かい視点を持った施策を推進した。それは一方で大規模農園経営者から構成される強力なロビイスト団体、アソシエーティッド・ファーマーズ（Associated Farmers）の激しい反発を招くことになった。一九四二年に州知事に選出されたアール・ウォーレン（Earl Warren）によって彼は解任されるのだが、新知事ウォーレンは、アソシエーティッド・ファーマーズに代表される政治勢力を背景に徹底的な反日本人政策をとり、日本人強制収容政策を推し進めていった人物でもある。

マックウィリアムスは本書で、真珠湾攻撃後の日本人強制収容の経緯を詳細に描き、この強制収容の背景には、アメリカ白人種の持つ日本人への激しい偏見の歴史があったことを冷静な筆致で解き明かす。そして日本との戦争は、すでに一九〇〇年にはカリフォルニア州とのあいだで勃発していたと分析し、それが次第に拡大して国家間の戦いへと変質していくさまを描いているのである。

日米戦争の原因は、もちろん多くのファクターの複合作用の総合であろう。しかし拙著『日米衝突の根源 1858—1908』でも明らかにしたように、日米戦争の本質は「人種戦争」であった。絡みあったいくつかのファクターの中で最も悪質な要因が「人種問題」だったということである。そのことは、日露戦争後すぐに、日米衝突の不可避性に気づき、アメリカ人同胞に警鐘を鳴らしたホーマー・リー（Homer Lea）の著作（『無知の勇気』*The Valor of Ignorance*, 1909）からも明らかである。

たしかに日本の満州進出あるいは日華事変に始まる中国との戦いが、アメリカの墨守する中国市場をオープンにしておくべきとの政策（オープンドア政策）、つまり通商外交政策と激しく対立したことは重要なファクターであるに違いない。あるいはまた中国贔屓《びいき》であり、共産主義思想にかぶれていたらしいフランクリン・ルーズベルト大統領の異形なキャラクターも日米戦争の大きな要因ではある。そして同政権内部に浸透したソビエト共産党スパイ細胞の活発な動きも見逃せない。

しかし、これまでの歴史書はそうした面にいささか注目しすぎたと言えるかもしれない。白人種の想像を絶する日本人排斥、つまり人種問題こそが日米戦争の本当の原因である可能性は大きいのである。マックウィリアムスはそれを冷静に分析し、アメリカ人同胞に対して強い自省を促している。

マックウィリアムスは、一九〇〇年前後に始まった日本とカリフォルニアの戦争の火付け役は、宗主国イギリスの圧政から逃げ出してきたアイルランド人移民だったとしている。カリフォルニアにやって来たアイルランド人移民は、最初に上陸した東海岸で嫌われていた。カソリック教徒であることに加え、イギリスに対する激しい憎しみを露わにし、政治的な活動も活発で、過激な発言を繰り返したことがその原因であった。

彼らは西海岸にやって来ると、カリフォルニアに根を張り始めていたアジア人移民を忌み嫌うようになる。彼らは初め支那人種を、次に日本人移民を憎悪の対象にした。アイルランド人は白人社会で蔑まれていたとはいえ白人であり、市民権を認められる移民であった。当時、白人でない黄色人種移民は市民権を持てず、政治的には弱い存在であった。アイルランド人移民は自らの怨恨《ルサンチマン》を、より弱い立場の黄色人種にぶつけたのである。これがカリフォルニアで発火した「カリフォルニア―日本戦争」の原因であったとマックウィリアムスは分析する。

だが、彼の分析はここで終わらない。カリフォルニアのアイルランド人移民が始めた日本との戦争は、彼らが憎んでも憎みきれない宗主国イギリスと日本が日英同盟（一九〇二年）を結んだことでさらに悪化した。その上、蔑んでいたはずの黄色人種日本人が日露戦争に勝利してしまうのである。近代戦争において、白人種が黄色人種に初めて負けてしまったのである。

その結果、カリフォルニアをはじめとするアメリカ太平洋岸の白人種は、日本の軍事力を恐れるようになった。日本海軍の強さを知った彼らは、日本人を忌み嫌う一方で、ロシア艦隊を壊滅した日本帝国海軍の影に怯えることになる。その恐怖に駆られて、太平洋岸に日本海軍の攻撃に備えた砲台を築いたのだった。

コロンビア川の河口に築造されたコロンビア要塞もスティーブンス要塞も、彼らの潜在的な恐怖心の表れだ。それは幕末に江戸湾防備のために築かれた三浦半島や内房の砲台に似て、新鋭戦艦の攻撃にはひとたまりもない代物だった。日本海軍が導入を進めていたドレッドノート型（弩級）戦艦の砲撃には何の役にも立たないことはわかっていた。

ポーツマス条約（一九〇五年）を仲介したセオドア・ルーズベルト大統領は、カリフォルニアの政界を牛耳る「馬鹿野郎政治家」たちの日本人排斥を、何とかしてやめさせたかった。政治家ルーズベルトは、アメリカ海軍の北太平洋方面の戦力は明らかに日本海軍に劣っていることを知っていた。彼は日本人が誇り高い民族であることも知っていた。日本人を差別するカリフォルニア州の法律や条令を何とか破棄させたかった。日本人移民に市民権を与えることも検討させた。しかし大統領にはそれを実現させる力はなかった。

カリフォルニア州の日本人蔑視政策は、本質的には南部諸州の黒人隔離政策と同じであったから、南部諸州の政治家はカリフォルニア州擁護の姿勢を見せた。自分たちの正当性を主張するためにも、カリフォルニア州がアジア人移民蔑視・隔離政策をやめてしまっては困るのだ。カリフォルニア州には司法も味方した。アジア人は合衆国憲法の規定する「自由な白人だけに与えられる市民権」を獲得する資格はないと最高裁判所が判断してしまうのである。

さらに、このカリフォルニア州と南部諸州の政治家の反日本人の運動に、ホワイト・アングロサクソン・プロテスタント（ＷＡＳＰ）が加勢する。当時は人種の優劣を「科学的に」語る優生学が盛んであった。アメリカ建国時からの支配階級であったＷＡＳＰは、アメリカ国内への移民の増加で少数派に転落してしまうのではないかとの危機感を抱いていた。ＷＡＳＰは人種的に最も優秀な種であるはずだった。黒人種や黄色人種は最も下位に位置する劣性種であるはずだった。その主張は、日本がロシアに勝利したことで危ういものになってしまった。日本人はＷＡＳＰの優秀性を脅かす象徴になってしまったのだった。ＷＡＳＰの優生学者は、劣勢種日本人を排斥する「科学的理論」を提供した。

こうした反日本人の異なるベクトルが合成され、大波となってカリフォルニアをはじめとする太平洋岸の日本人移民に襲いかかった。マックウィリアムスは、この大波が形成されていく過程を詳述する。その分析を通じて、二十世紀初頭のアメリカの民主主義は、その高い理念とは裏腹に、悲しいほどに未熟であったことが知れるのである。この時代の世相を学ぶ機会のない現代日本人には想像もつかないような社会が、かつてアメリカ太平洋岸に存在していたことを知ることができるのである。

日露戦争後の一九〇七年から〇八年にかけて、ヨーロッパ諸国もまた日米の戦いは必至と考えていた。ルーズベルト大統領が日本に派遣した「親睦のための偉大なる白い艦隊《ホワイト・フリート》」（一九〇八年）が、日米の戦いの始まりになると見ていたヨーロッパのメディアは多かったのだ。そうしたメディアの報道は杞憂に終わった。日本は白い艦隊を歓迎した。白い艦隊を指揮する米海軍将官が拍子抜けするほどの歓迎ぶりであった。

日露戦争後に訪れた日米の一触即発の危機の時代を、現代の日本人が学ぶことはほとんどない。しかし日米関係は確実に、この時点から破滅的な衝突への道を歩み始めたのである。両国の関係は、第一次大戦で日本が連合国側についたことで表向きは良好な関係となる。また大戦後の一九二〇年代は世界が軍縮ムードに溢れるリベラルの時代ではあった。

しかしマックウィリアムスの分析で、飽くことなき日本人排斥の政治運動と、メディアによる悪質な反日本人キャンペーンが依然として続いていたことが知れる。一九二〇年代のアメリカには軍縮を希求する善意が確かに存在していた。アメリカはワシントン軍縮会議（一九二一―二二年）、ジュネーブ海軍軍縮会議（一九二七年）、ロンドン軍縮会議（一九三〇年）と、軍縮のリーダー役であった。しかし、カリフォルニア州はその政治力を使い、合衆国の国策として、日本人をアメリカから排除することを決めてしまったのである（一九二四年の「排日移民法」）。

排日移民法は、日本が関東大震災（一九二三年九月一日）の惨禍に喘いでいる最中に成立している。それでも日本の政治家は、外交的妥協を通じて軍縮の道を選んだのである。しかし軍部はその妥協は許せなかった。ロンドン軍縮会議の妥協（大型巡洋艦対米比率を六割二厘、当初七割要求）が許せなかった。統帥権干犯《とうすいけんかんぱん》問題を持ち出して軍部が強硬な姿勢に変容していくのもこの頃である。

多くの史家が、この時代に日本が誤りを犯したと解釈する。あの暗い昭和の一時期を、あたかも日本という国が、その体内から発生した「遺伝性の癌」に侵された時代であるかのように分析する。統帥権干犯問題は大日本帝国憲法の欠陥に起因するとの分析は、筋のよい歴史解釈となる。

しかし、マックウィリアムスが本書で描いている、カリフォルニア州における白人の反日本人の態度と、それに対する日本のリーダーや知識人、そして一般人の激しい反発のさまをバランスよく読み解いていけば、そうした史家の描きだす「悪性の癌」は本当に遺伝性だったのだろうかとの疑念が生じる。

むしろ、白人種の激しい日本人差別という外部的刺激に起因した「ウイルス性の癌」に侵されたのではないかと疑わせるのである。現代日本人は、真珠湾攻撃以前の日本人同胞への激しい差別を知らない。この書に描かれる差別のさまを知れば、当時の日本人の心情の幾ばくかを感じとることができよう。そうした時代の空気を捨象した歴史解釈は空しい響きを残すだけである。

さらに忘れてはならない事実がある。当時のカリフォルニアは堂々たる石油産出「国」であった。一九二〇年代にも、ロサンゼルス周辺に続々と大型油田が発見されていた。ハンティントン・ビーチ油田（一九二〇年）、サンタフェ・スプリング油田（一九二一年）、シグナルヒル油田（一九二一年）。そして日本は次第にこのカリフォルニア産の石油に依存していくことになる。

日本人を忌み嫌うカリフォルニアが、日本のエネルギー資源の生命線を握っていた事実を、現代日本人はとかく忘れがちである。ロンドン軍縮会議の翌年に満州事変が勃発しているが、欧米の歴史家はその原因を、日本の歴史家以上に鋭く読み解いている。日本は、日本人を嫌悪するカリフォルニアに資源を依存することが不安でならなかったとの解釈である。

たとえば、オックスフォード大学のヨルグ・フリードリッヒ教授は次のように分析している[*1]（二〇一〇年）。


「日本が軍事的にアグレッシブな展開を開始したのは、彼らが、戦略資源に困窮することがあってはならないと憂慮したことに起因している。一九二〇年代のリベラルな国際情勢が終わると、日本は満州に侵入（一九三一年）し、続いて中国へも侵入した（一九三七年）。日本の究極の目標は、自給可能な経済ブロックを作り上げることであった」

「（しかし日本が）満州を選んだことは失敗であった。なぜならこの地には食料、石炭あるいは鉄鉱石などの資源は豊かだったが石油はなかった。（満州に侵攻したのはいいのだが）最も重要な資源である石油についてはアメリカへの依存度は高いままであった」

「アメリカは当時圧倒的な石油産出国であった。日本はアメリカからの石油輸入に大きく依存していた。九〇パーセントがアメリカからの輸入であり、そのうちの七五パーセントから八〇パーセントがカリフォルニアからのものであった」

「こうした状況を念頭に置けば、日本がアメリカから石油禁輸措置を受けたときに感じた脅威の深刻さや、その結果、東アジアの戦いが太平洋全域での全面戦争へと拡大していったメカニズムを理解することは、それほど難しいことではない。日本の行動を容認するわけではないが、石油禁輸を受けた日本には、ボルネオやスマトラの石油を略取する方法しか残されていなかったのである」

マックウィリアムスは、カリフォルニア州の対日戦争の原因の分析に続いて、同州で真珠湾攻撃後に始まった日本人強制収容プログラムの経緯を詳述する。誰が飽くことなく反日本人を主張し、安全保障上、必要ない強制収容を進めたのか、実名をあげて非難している。彼の分析で、日本人排斥の動機がいかに不純であったか、そしてアメリカの民主主義がどれほど未熟であったかを知ることができる。

彼の描写は実証的で、日本人への憐れみもそこかしこに見え隠れする。当時の日本人同胞がアメリカで被った悲劇のさまは涙を誘う。しかし、二十一世紀の現代日本人にとっては、日本人移民が強制収容という不条理にどのように反応したかに感情移入することよりも、事実を冷静に凝視することのほうが重要であろう。マックウィリアムスの記述は、日本人とはいかなる民族かを問うているようでもある。私たちは強靱な民族なのか。それとも弱虫なのか。

マックウィリアムスは本書を通じてアメリカの未熟な民主主義を憂い、合衆国憲法の掲げる理念に可能な限り近づくべきであると主張している。本書はアメリカ知識人の自省の書でもある。こうした自省の書は、戦後いくつか出版されている。ヘレン・ミアーズの『アメリカの鏡・日本』(*Mirror for Americans: JAPAN 1989* 邦訳・アイネックス、一九九五年)がその代表であろう。しかし本書は、未だ日本との戦いが継続している一九四四年に出版されている。おそらく多くの読者は、この書の出版が一九四四年であることに驚きを覚えるに違いない。

マックウィリアムスは本書出版にあたり、ユダヤ系のグッゲンハイム財閥から資金援助を受けている。それは、ユダヤ系の人々が日本人強制収容に強い危機感を抱いていたであろうことを示唆している。

この書の出版はボストンのリトル・ブラウン&カンパニーによってなされた。アルフレッド・マハンの『海上権力史論』を出版した老舗である。こうした有力出版社が一九四四年の段階で、自国民の内省を促すこれほどの書を世に問う姿勢は、アメリカという国の懐の深さをも感じさせる。

（『日米開戦の人種的側面　アメリカの反省１９４４』「訳者まえがき」）

注

＊１　Jorg Friedrichs, University of Oxford, Global energy crunch: How different parts of the world would react to a peak oil scenario. Energy Policy, 2010 August.
http://www.qeh.ox.ac.uk/pdf/pdf-research/Global%20Energy%20Crunch.pdf

誰が軍縮の努力を無にしたか

下田玉泉寺は、吉田松陰が弟子金子重之輔《しげのすけ》を連れ、下田港に入っていたペリー艦隊に乗船を企て、伝馬船を艦隊に向けて漕ぎだした柿崎村（現下田市柿崎）の浜辺に近い小高い丘に立っている。短い石段を登って山門をくぐると正面に本堂が見える。

この建物で初代駐日本領事タウンゼント・ハリスが執務した。ハリスは日米修好通商条約締結（一八五八年）にあたって、ヨーロッパ列強、特にイギリスの自由貿易帝国主義への防波堤となる条文を密かに忍ばせていた。アヘン貿易を禁止させ、日本が産業化するために必ず必要となる関税収入を確保させるために二〇パーセントの関税率を認めた。この税率は当時アメリカ本国が課していた関税率とほぼ同じ数字であった。

アメリカの明治前期の対日外交は、南北戦争期に任命されたプルイン公使時代を除けば、実に善意に満ちていた。プルイン公使の稚拙な外交の失敗もあって、不平等条約で日本が苦しむことになるのだが、日本の立場に立って早期に是正させようと力を貸したのもアメリカであった。アメリカは有能な人材を惜しげもなく日本に送り込んで日本の明治期の産業化を支えた。この時代の日本のリーダーは、アメリカの微笑ましいほどの好意を肌で感じていたのだった。

私は日米友好のピークが一八七九年夏のグラント元大統領の日本訪問であったことを、拙著『日米衝突の根源　１８５８―１９０８』（11章「グラント将軍の日本訪問」）で論じた。日米関係はグラントの訪日以降は次第に悪化していくことになる。アメリカが、米西戦争を通じて、ハワイを併合しフィリピンを領土化し北太平洋を「アメリカの湖」とすると（一八九八年）、アメリカと日本は新領土フィリピンと日本領台湾とが指呼の間で対峙することになった。

当時の日本帝国海軍のパワーは、太平洋海域では明らかにアメリカ海軍を上回っていた。そうした軍事力の脆弱性をアメリカの軍人や政治家が危惧するなかで日露戦争（一九〇四年）が始まった。アメリカのリーダーが恐れていたとおり、日本帝国海軍はロシア艦隊を壊滅させたのだった。日露戦争はアメリカの為政者に、日本が仮想敵国になったことをはっきりと悟らせる事件であった。しかし軍事力のわずかなアンバランスだけでアメリカは日本を仮想敵国にしたのではない。アメリカ合衆国の内にあった「カリフォルニア共和国」とでもいえそうな「独立国」カリフォルニア州は、すでに日本とのあいだで戦争状態にあったのだ。その戦争がいかなるものであったのかは本書の2章「カリフォルニア州の対日戦争（一九〇〇年から一九四一年）」で詳細に語られている。

日本人移民の完全な排斥をアメリカ合衆国として決定したのは、排日移民法（一九二四年）であった。アメリカから日本人を締め出すことを明確にしたこの法律は、最悪のタイミングで成立している。この前年の九月一日に発生した関東大震災で日本が途方にくれていた時期であった。

日米両国の知識人は、日米戦争勃発の危機感に溢れていた。両国間の軋轢を何とか緩和しようとする官民の涙ぐましい努力が重ねられた。カルビン・クーリッジ大統領が日本大使に任命したエドガー・A・バンクロフトもそうした人物の一人であった。

バンクロフトは「一九二四年（大正十三年）に来日、一九二五年には伊豆下田にハリス記念碑建立を渋沢栄一に提案」している。[*1] 渋沢栄一はグラント元大統領の訪日時には民間人の代表としてグラントを歓迎し、日露戦争後に両国間に暗雲が垂れ込めると、実業界のリーダーを率いて訪米（一九〇九年）し、両国の相互理解に尽力した人物であった。

下田玉泉寺本堂に向かって右手にバンクロフトの提案したハリスを讃える巨大な記念碑が今でも残っている。日米衝突を何とか回避したいと願う人々の思いの結晶である。しかしこうした友好を願う人々の努力は報われることはなく、満州事変（一九三一年）以後両国の関係は後戻りできないまでに悪化していくことになる。

下田玉泉寺に立つ渋沢栄一らの建立したハリス記念碑（撮影筆者）

ハリス記念碑建立を日米友好のシンボルとして提案したバンクロフト大使はその建立の実現（一九二七年）を待つことなく軽井沢で突然の死を迎えている（一九二五年）。大使の死はもう止めようもない日米衝突への道を暗示しているかのようであった。

一九二〇年代は軍縮の時代であった。日米両国もそうした努力を重ねた。それがなぜ実を結ぶことがなかったのか。読者はそのヒントを本書の中に見出したのではなかろうか。

マックウィリアムスは一九〇五年にコロラドで生まれているが、父親が牧畜業の失敗で財産を失ってからロサンゼルスに移っている。南カリフォルニア大学で法律を学んだあと弁護士資格を取得し、雄弁な法律家としてカリフォルニアの低賃金農業労働者の地位の改善に尽力した。一九三九年にはカリフォルニア州移民住宅局の責任者となっている。

こうした経験を通じてカリフォルニアの特殊な歴史とカリフォルニア人の歪んだメンタリティーの存在を肌で感じ取ることになった。彼自身は共産党員ではなかったが、共産主義思想をもつ友人は多かった。本書を読まれた読者であればよくわかることだが、彼の記述はあくまで実証的で共産主義思想を感じさせるものではない。

ところで、著者は「太平洋問題調査会」が本書出版を後援していることを明らかにしている。アメリカの対日外交政策のアンテナショップのような存在であった「太平洋問題調査会」は、なぜこの時期に本書の出版を支援したのだろうか。

本書が出版された一九四四年は、アメリカの対日外交が変化を見せた年であった。国務省極東部長の職に、日本嫌いのスタンリー・ホーンベックに代わって知日派のジョセフ・グルーが抜擢されたのは、この年の五月であった。グルーは十二月には国務次官のポストに上がっている。本書の出版は、アメリカの対日外交の変化と幾ばくかの関連があるのかもしれない。

マックウィリアムスは第二次世界大戦終了後も移民問題に強い関心を寄せている。一九四九年に出版された *North from Mexico* ではメキシコ人移民（チカノ）問題を分析している。彼は一貫して政治家やジャーナリズムが犯しやすいデマゴギーへの警戒を訴え続け、一九八〇年六月二十七日、ニューヨーク・マンハッタンのユニバーシティ病院（University Hospital）で亡くなった。[*2] 七十四歳であった。

（『日米開戦の人種的側面　アメリカの反省１９４４』「訳者あとがき」）

注

＊１　実業史研究情報センターブログ。http://d.hatena.ne.jp/tobira/20080729/1217299799

＊２　Guide to the Carey McWilliams Papers, 1921-1980. カリフォルニア大学バークレー校バンクロフト図書館。

ケネディ駐日大使に望む。両国の不幸な歴史に学んで欲しい

先月号の本誌（『正論』二〇一四年三月号）を読まれた読者は覚えていると思うが、私は本誌編集部の小島新一氏と拙訳・解説の『アメリカはいかにして日本を追い詰めたか』（草思社）をベースにして語り合った〔注：本書二〇二―一二二頁〕。この書は、日米戦争の開戦理由を分析したアメリカ陸軍戦略研究所のレポート（ジェフリー・レコード論文、二〇〇九年発表）を俎上に載せ、現在のアメリカの対日戦争原因究明の研究の動向を見極めると同時に、いまだにアメリカ国内で激しい論争を繰り返している「正統派歴史家」と「修正主義歴史家」の議論を、時系列を追って紹介したものである。「正統派」と「修正主義」の考えの相異は上記の書に詳述したが、簡単に言ってしまえば、フランクリン・ルーズベルト大統領の外交を是として歴史を語るか（正統派）、彼の外交に悪意の存在を見て歴史を解釈するか（修正主義）の違いである。

レコード論文を読めば、もはやアメリカの正統派に属する研究者でさえも、ルーズベルト大統領の外交政策を単純に肯定してはいないことがわかる。アメリカ外交の稚拙さもはっきりと認識し、あの戦争の責任をひとり日本に押し付けることはしていない。ルーズベルト外交のどこが間違っていたのかを、よりニュートラルな視点で分析しなければならないことにアメリカの主流の研究機関

でさえも気づいているのである。新世代の歴史学者が、大戦後、アメリカのジャーナリズムや歴史学会が構築した大統領の無謬性にもとづく「ルーズベルト神話」の呪縛からようやく解き放され始めていることがわかる。

開戦から七十年以上が経って、ようやくそうした機運が高まってきた。日本でもいわゆる「東京裁判史観」から自由になった歴史家の論考が増えている。両国の動きはシンクロナイズしている。歴史の真実を語る資料は半世紀以上を経て日の目を見るものが多い。そういう意味では、「いまこそ昭和史は旬の季節を迎えている」（中西輝政氏）のである。

レコード博士はあの戦争から学ぶべき教訓を七つ挙げている。そのひとつが外交相手国の文化や歴史についての知識をもつことの重要性である。この点について博士は、アメリカは今でも問題を抱えていると憂えている。

「他文化に対するアメリカの無理解は、わが国の外交政策をいまだに蝕んでいる。ベトナム戦争やイラク戦争の例でもわかるようにわが国の姿勢は日本とのあの大戦の頃となんら変わるところがない。おそらく先進国の中で外国語を一つも話せない人間でも有識者とみなされる唯一の国がアメリカであろう」（前掲書、一〇九頁）

決め付けるにはまだ早いのかもしれないが、キャロライン・ケネディ現駐日大使が日本についてどれほどの知識をもっているのだろうかと不安を覚え始めた日本人も多いのではなかろうか。首相の靖国神社参拝について、あるいは太地町のイルカ追い込み漁についてのコメントは、日本の歴史や伝統に幾ばくかの造詣があれば、もう少し違った表現での発言ができたはずではなかろうかと思う。

仄聞するところによると、駐日大使はその任期中に一度はアメリカ最初の総領事館となった伊豆下田の玉泉寺を訪れることが慣例になっているらしい。初代総領事タウンゼント・ハリスが執務したこの古刹には、日米関係の始まりを偲ばせる遺蹟が溢れている。彼女の下田訪問が現実になるのであれば、オリバー・スタットラーがハリスの苦悩を描いた『下田物語』(*Shimoda Story*, Oliver Statler, 1969) 程度は読んでから出かけてもらいたいものである。

さて、本稿では、もしかしたらケネディ大使が訪れるかもしれない玉泉寺の石碑にまつわるある事件を通じて、日米関係の一時代を考察したいと思う。両国の関係が剣呑になった時代に生きた、ケネディ大使の先達にまつわる歴史である。それは不幸だった日米関係の歴史でもある。

玉泉寺の短い石段を登り、山門をくぐるとすぐ右手に大きな顕彰碑を見る。日米関係発祥の地に相応しく碑文は英文である。大使が碑文を理解するのに通訳が要るはずもない。顕彰碑はハリスと併せてエドガー・バンクロフト(第九代駐日大使)の業績を讃えている。バンクロフトは一九二五年(大正十四年)七月二十八日に軽井沢で急逝した。赴任からわずか一年足らずで異国の地で亡くなったのである。

シカゴの法律家であったバンクロフトを駐日大使に任命したのはカルビン・クーリッジ大統領(共和党)であった。一九二四年の排日移民法成立以降、日米関係は悪化の一途をたどった。関係改善の使命がバンクロフト大使には課せられていた。関係の悪化には当然ながら理由があった。奇しくも百年前(一九一四年)に始まった第一次世界大戦を経て、世界のパワーバランスが大きく変容したのである。その地殻変動で日米関係が変質せざるを得なくなった。日本が変わったのではない。世界が変わったのである。日米両国の関係は激動する強国の力関係の従属変数であった。今でもそれは変わらない。

二十世紀初頭のアメリカの安全保障上の最大の懸念は、大西洋方面ではドイツと、太平洋方面では日本との二正面で同時に戦いが起きることであった。当時のアメリカ海軍は二正面作戦を遂行できるほどの力はなかったのである。しかし、第一次大戦でドイツが敗退したことで二正面作戦の恐怖が消えた。

第一次大戦中はイギリスもフランスも、繰り返し日本帝国海軍の支援を懇願した。度重なる要請を受けて、イギリス海軍が消えてしまったインド洋のシーレーンを守ったのも、地中海でUボートを警戒しながら連合軍の兵士輸送船を護衛したのも日本海軍であった。イギリスもフランスも日本海軍の活躍に歓喜し感謝した。

「日本海軍の功績に対してチャーチルは『日本海軍は必ず（任務を）うまくやってくれるものと信じていた』と述べ、マルタ総督ポール・メスエン卿はその活躍に強く感謝し、『我々の同盟関係に神の加護あれ。流された血で、両国の関係はますます強固になった』と述べるとともに、この同盟（日英同盟）が末永く続くことを願ったのである」（拙著『日米衝突の萌芽　１８９８—１９１８』四四五頁）

帝国海軍に頼ったのはイギリスだけではなかった。アメリカは一九一七年四月に参戦した。アメリカ海軍も主要な艦船はすべて大西洋方面に移動させざるを得なかった。ホノルルに逃げ込んだドイツ巡洋艦「ガイエル」を湾内に封じ込めたのは、戦艦「肥前」と巡洋艦「浅間」であり、ミッドウェー島の通信施設防衛にあたったのは戦艦「金剛」であった。メキシコ太平洋岸のシーレーン防衛には巡洋艦「出雲」が派遣されている。米太平洋艦隊の消えた太平洋を守ったのは帝国海軍であった。

遊弋《ゆうよく》するドイツ巡洋艦や海中深く潜んでいるドイツ潜水艦は太平洋方面にも出没する。アメリカも太平洋の防衛に日本海軍の協力をどうしても必要としていた。アメリカが日本の機嫌をとるために結んだのが、石井・ランシング協定（一九一七年十一月）であった。この協定で、ランシング国務長官は日本の北部支那（満州・東部内蒙古）における特殊権益（Special Interests）を容認した。アメリカ国内にくすぶっていた反対論を抑え込んででも協定を結ぶ必要があったのは、ドイツとの戦いのためには日本海軍の力が不可欠だったからである。

一九一八年十一月、ドイツは敗れた。まだ戦えないわけではなかったが、国内に蔓延した厭戦気分と共産主義者が暗躍したドイツ革命で内部から崩壊したのであった。一九一九年にはベルサイユ条約が締結された。ドイツの植民地は剝奪され、国家経済が立ち行かないほどの賠償金を課せられた。こうしてドイツの軍事的脅威は消滅したのである。それはアメリカから、ドイツと日本に挟撃される安全保障上の最悪のシナリオが消えることを意味していた。

そのことは同時に対日外交に、もはや遠慮が要らなくなったことを意味した。ドイツの脅威がなくなった以上、有事の際は、大西洋艦隊までも何の憂いもなく太平洋に展開できるのである。十分に日本の海軍力と対峙できた。大戦中は丁寧だった対日外交は当然に変化した。アメリカの本音を隠す必要はもはやなかった。日本を刺激しても構わない時代が到来したのである。

まず手始めに、アメリカの国際連盟加入問題をめぐる国内論争に日本が体よく使われた。アメリカ議会は連盟への加入にはあくまで反対であった。連盟に加盟すればアメリカの進めたい外交に箍《たが》がはめられる。そうなってはたまらないと考える議員は、加盟反対の理由に日本を「だし」につかった。そのロジックは日本人にとっては気分の悪いものだった。

「（連盟にアメリカは加入してはならない）。日本は連盟の場で必ず人種は平等であると主張する。アメリカがメンバーになったら、やり込められる」（『日米開戦の人種的側面　アメリカの反省1944』四六頁）

一九二〇年代はまさに「日本に遠慮ない外交」が展開できる環境が整った時代であった。ベルサイユ体制が構築されたことを受けて、連合国の関心は軍事費の削減にあった。建艦競争に歯止めをかけ、英仏両国には巨額の戦時貸付金を返済してもらう必要がアメリカにはあった。

ワシントン軍縮会議が開かれたのは一九二一年末から二二年初頭のことである。この会議でもアメリカは日本に遠慮しなかった。日本の外交暗号を完全に解読し、日本の戦艦保有量を対米英六割に押さえ込んだ。暗号の解読で日本の手の内を知り尽くしていた。日本はぎりぎり六割の譲歩まではすることが予めわかっていたのである。七割を主張する日本が反発しても気にする必要はもはやなかった。ドイツ海軍が無力化した以上、アメリカは、必要とあらば太平洋にすべての艦船を展開する余裕ができた。日本を怒らせてもかまうことはなかったのである。

第一次世界大戦によるドイツの没落という厳然たる事実が惹起したのは、対日外交の硬化だけではなかった。カリフォルニアの政治家も、遠慮なく反日活動ができるようになった。「日本人を排斥せよ」という主張は票を稼ぐのには有効だった。ワシントン議会への切符が欲しい政治家は、選挙のある年にはこぞって日本を、そして日本人を非難した。その筆頭がハイラム・ジョンソン上院議員（一九一一年から一七年までカリフォルニア州知事、一七年から四五年まで上院議員、共和党）であり、ジェームズ・フェラン上院議員であった。彼らはさすがに大戦の最中はその主張を控えなくてはならなかった。主要な連合国の一員であり、なによりも太平洋岸の防衛は日本海軍が担っていたからである。

一九二〇年の上院議員選挙は、ウィルソン大統領（民主党）の政策に不満が高まっていた時期だけに共和党の圧勝が予想されていた。フェラン議員は民主党員であった。彼はあせっていた。再選のためには票の期待できる反日本人アジテーションは魅力的であった。戦争が終結した以上、日本に気を使う必要はなかった。反日本人の主張は白人至上主義に一脈通じていただけに、選挙民への訴求力は強烈であった。彼は日本人移民排斥を選挙の争点とすることに決めたのである。

フェラン陣営が製作した選挙ポスターが残っている（別掲）。菊の紋章のついた軍服の袖。日本「軍国主義」の象徴である。その軍服を纏った日本がカリフォルニアを強奪しようとしている。その腕を、合衆国を擬人化したアンクル・サムの腕が押さえている。「フェランを再選しよう。（日本の）静かなる侵略を止めてくれるのはフェランしかいない（Let him finish the work he now has under way to stop the silent invasion)」。

フェラン議員はかつてサンフランシスコ市長（任期：一八九七年から一九〇二年）であった。その後任には子飼いともいえるユージーン・シュミットが就任している（任期：一九〇二年から〇七年）。日本でもよく知られている日本人学童隔離事件は、シュミット市長や彼が任命した市教育委員会幹部が画策したものであった。日本人学童は白人の子供と同席させることはできない。彼らは支那人学童の学ぶチャイナタウンの学校に隔離されるべきである。シュミットらはそう主張し、実行した。

反日本人の動きはカリフォルニア州から太平洋岸全域に拡大していった。シアトルでもカナダのバンクーバーでも反日本人暴動があり、日本人街が襲われた。このころの日米衝突の緊張関係は、セオドア・ルーズベルト大統領の丁寧な外交で沈静化に向かうことになる。大統領は日本に「偉大なる白い艦隊《ホワイト・フリート》」を訪問させ、日米親善ムードを醸成させるのに成功した。日本にアメリカへの移民を自主規制させることにも成功した。アメリカ西海岸の反日本人運動はこうしていったんは鳴りをひそめたのである。そして第一次世界大戦が始まった。日本の海軍力は連合国にとって不可欠になり、太平洋の安全まで日本海軍に託さなければならなくなったことは、すでに述べたとおりである。その間、反日本人運動は静かに息を潜めていた。しかし第一次世界大戦の終了でその運動が再び活発化したのである。

大戦中は箍《たが》がはまっていた反日本人運動であったが、フェランの選挙運動がその箍を一気に緩めてしまった。ワシントン議会には移民問題を調査する委員会があった（移民・帰化委員会）。その委員会の聞き取り調査をわざわざカリフォルニアで実施することを決めさせたのもフェランであった。選挙を四カ月後に控えた七月十二日に、聞き取りがサンフランシスコで始まった。フェランは自らも証人として出席し、次のように証言した。

「日本人は実に不道徳な人種である。（そうした不道徳行為で）わが民族の雑種化を図り、退廃させようと目論んでいる。カリフォルニアはそうした脅威に晒されているのだ。（こういう恐れを抱く自分に対して）命を狙うという脅しまでかかってきている。ボルシェヴィキの思想に染まった日本人を叩き出し、そういった危ない思想からカリフォルニアを護《まも》らなければならない」[*1]

日本人にとって幸いなことに、フェランは十一月の選挙で落選した。それでも共和党候補の得票率四九パーセントに対して四一パーセントの得票率で肉薄した。

フェランは選挙では敗れたが、その選挙活動はカリフォルニア議会の反日本人運動を再び活性化させた。日本を強く刺激する二つの法案が州議会で可決されたことからもそれははっきりしている。アジア人全体に人頭税を課す法案（Alien Poll Tax Bill）と、市民権を持たない外国人の土地所有を規制する法案（Alien Land Tax）が圧倒的多数で可決されたのである。

選挙民用のガイドブック（*Voter's Guide Book*, 1920）が、土地保有規制法案についての賛否を問う選挙前に配布されている。そこには、「本法案の趣旨は市民権を持つことのできない東洋人に、わがカリフォルニアの肥沃な農地を支配させないことにある。東洋人、中でも日本人はわが州の農地の支配を固めようとしている。（本法案はこの動きを封じることが目的である）」[*2]と説明されていた。

カリフォルニア東洋人排斥連盟（the California Oriental Exclusion League）などの反日本人グループの活動は、西海岸だけに限定されたものではなかった。日本人排斥運動を広げようと中西部や東部の大都市に弁士を派遣して、その運動を全国的に盛り上げた。前出のカレイ・マックウィリアムスは次のように嘆いている。

「平和をもたらすはずのベルサイユ条約調印のインクがまだ乾きもしないのに、アメリカは日本との戦争の危機を迎えたのだった。こんな状態になるとは誰もが想像だにしていなかった」[*3]

ベルサイユ条約以前も以後も日本は変わってはいなかった。日本の対米外交に大きな変更があるはずもなかった。しかし、アメリカは変わってしまったのである。先に述べたように、アメリカの太平洋をめぐる安全保障政策はドイツの脅威の消失とともに大きく変わった。それを日本人が理解することは簡単ではなかった。先の大戦では連合国の勝利に多大な貢献をしたはずであった。アメリカがなぜこれほど日本を嫌うのか理解できなかった。

日本の不幸に輪をかけたのは、この時期のアメリカ国務省極東部には親中国のアドバイザーが多かったことである。彼らは中

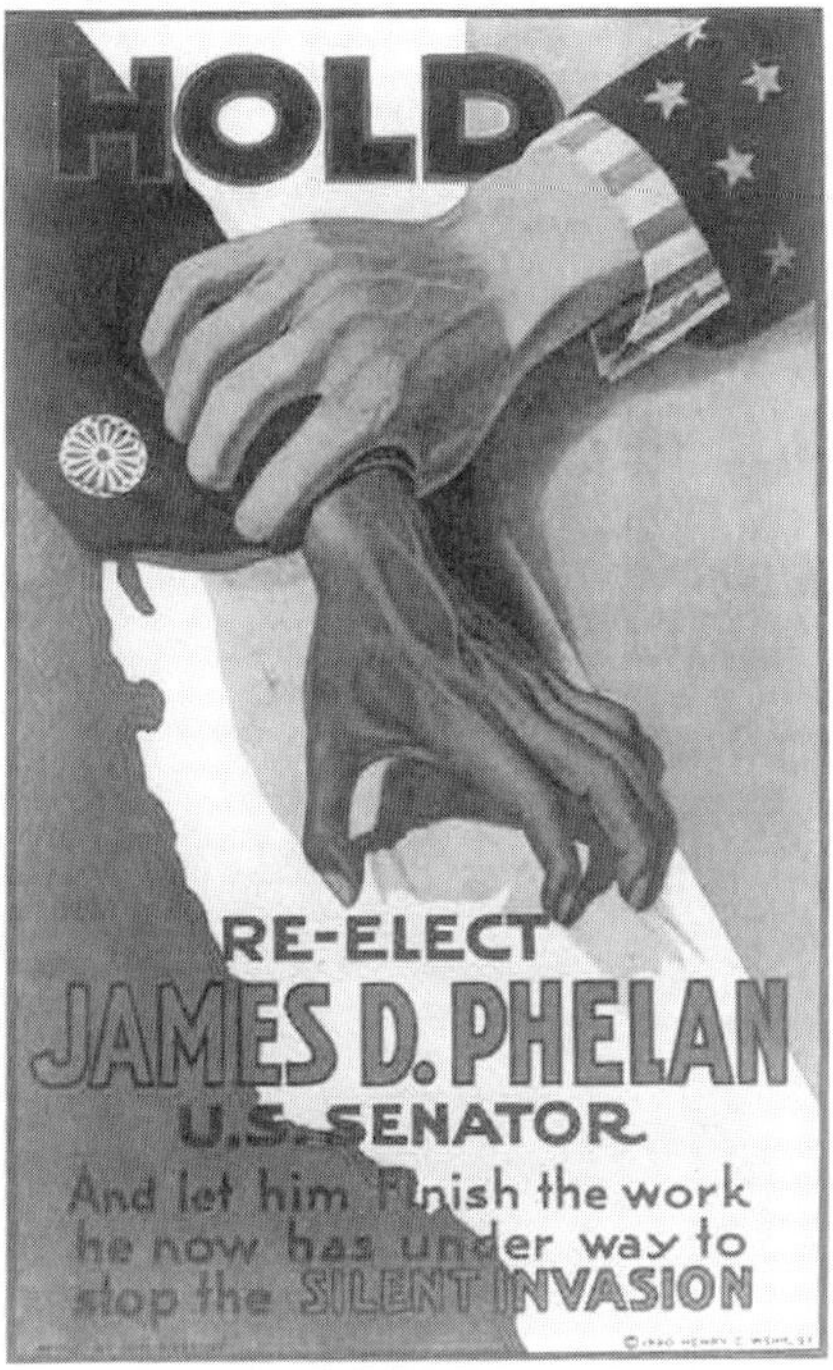

ジェームズ・フェラン議員の選挙ポスター（1920年）

国の対日外交を側面支援するためにその地位を利用した。アメリカ外交を中国の側に寄り添わせようと画策したのである。

その筆頭がエドワード・ウィリアムズであった。彼はプロテスタント宣教師として中国に赴任した（一八八七年）。その後、米上海領事館の通訳として採用されて以来、中国通としてアジア外交の顧問になった人物である。彼は国務省顧問としてパリに行き、ベルサイユ条約交渉に参加している。日本は山東省のドイツ利権を大戦中に得ていた。それを容認するイギリスとの密約もあったし、中国政府とも条約をすでに交わしていた。しかしパリ講和会議では、中国はこの利権を破棄させようと日本に徹底的に反発した。その中国代表団に同情的だったのがウィリアムズであった。同じくアドバイザーであったスタンリー・ホーンベックもその動きに加担した。彼は後に国務省極東部長となり、反日的外交政策の推進者となった人物である。

ウィリアムズやホーンベックは、中国代表団の若きスター、顧維鈞《こいきん》駐米公使をもり立てた。顧はコロンビア大学で政治学、国際法を学んだヤング・チャイナ派の筆頭であった。他のメンバー（王《おう》正廷《せいてい》、施肇基《しちょうき》、魏宸組《ぎしんそ》ら）もみな、欧米留学経験者であった。彼らは、日本の山東省利権を破棄させようとしたが、日米英仏伊で構成される五大国首脳を説得することはできなかった。日本は袁世《えんせい》凱《がい》政府と条約を結んでいたし、中国は鉄道建設借款の前借を日本政府からすでに受けていた。そして何よりも、日本がドイツ利権を引き継ぐことを容認する英仏との密約があった。同情的であったアメリカ政府もさすがに中国の主張を認めるわけにはいかなかった。中国の「聯美制日《れんびせいにち》」（アメリカという夷を以って日本を制する政策）は頓挫したのである。

ウィリアムズらの親中派外交官はパリ講和会議では敗北したものの、けっして諦めはしなかった。彼らが利用したのはワシントン軍縮会議であった。先に述べたように、この会議は主要国の戦艦の保有比率を決める会議であったが、アメリカ国務省の若手親中派は日中二国間で山東省問題を協議させる場を会議と同時期に設定させることに成功したのである。ヒューズ国務長官ら政権首脳は、この問題にアメリカが積極的に介入することを嫌っていたから、ワシントン会議の全体会議では議題にはしなかった。ただ日中の直接交渉の場を設定することには同意し、アメリカはあくまでオブザーバーとして、交渉の成立を促す立場をとった。

日本はパリでの経験から、アメリカ国務省の若手に反日思想が広がっていることに気付いている。ワシントン会議では、アメリカ側顧問としてウィリアムズが再び参加することを知ると、幣原喜重郎駐米大使は内田康哉《こうさい》外務大臣宛に次のように暗号電（一九二一年八月四日）を打ち、警戒を促した。

「『ウィリアムズ』が、巴里会議の際、米国委員付顧問の職に在り乍《なが》ら絶えず支那委員に助言を与へ、之を煽動して日本に反抗するの行動を執らしめたるは、蔽ふ可らざる事実にして、支那問題が非常なる紛糾に至りたるは、少なからず彼一派の行動に原因す。就ては、同氏の如き先天的偏見を有する者が、仮令《たとえ》一の属僚たる地位とは云へ、支那問題に関する専門家として（ワシントン）会議の要務に参与せしむるは、一般空気を険悪ならしめ会議の成功を期する所以にあらず[*4]」（原文は片仮名）

日本側は警戒する一方で、アメリカの機嫌を損ねたくはなかった。大幅な譲歩をしたのである。

山東鉄道返還条件については懸案を残したものの、山東半島利権は中国に返還することでほぼ解決した。日本側の譲歩は、イギリス全権のバルフォアとヒューズが示した妥協案D（Plan D）に基づいていただけに、ヒューズは日本の態度に好感を持っている。バルフォアもヒューズも日本の面子《メンツ》と国内世論を考慮し、これ以上日本に外交圧力をかけないことを決めた。[*5] 日中間で条約が成立したのは一九二二年二月四日のことであった。

ヒューズ国務長官は国務省内の若手アドバイザーとは異なり、中国を冷ややかに見るところがあった。中国が大戦中に日本と結んだ条約に有効性を認めていたし、中国国内の政治経済の無秩序ぶりも懸念していた。ヒューズを特に怒らせたのは、コンチネンタル・コマーシャル貯蓄銀行からの借款返済を中国がデフォルトしたことである。憤ったヒューズは、アメリカ資本市場を中国には閉鎖するとまで述べている。そうしたこともあって、ヒューズは日本が最後まで固執していた山東鉄道譲渡にかかわる条件（資産売却条件や日本人会計責任者の任用など）についても一定の理解を示していたのである。[*6]

ヒューズ国務長官らクーリッジ政権幹部が日本の譲歩に感謝していたことは間違いない。アメリカ議会には中国に同情的なムードがあった。「現実に物理的占領が完了している中で日本が山東省返還に応じた。これは中国の完全勝利といえる」[*7]（国務省顧問、ウェステル・ウィロビー）。日本の大きな譲歩を引き出したクーリッジ政権は、議会に対してもよい顔ができたのである。

日本の対中外交は、当時の外交常識からすれば十分に宥和的であった。その上、アメリカの顔を立てるという意思も明確に示していた。しかし、その努力も先に述べた反日本人の大波のような政治運動の中でたちまち忘れ去られていくことになる。ワシントン軍縮会議が調印されてわずか二年後の一九二四年七月に、排日移民法（ジョンソン・リード法）が成立したのだった。

この法律で、アメリカ市民権を持つ資格のない人種の移民が禁じられることになった。アメリカで市民権が持てるのは「自由白人」と「アフリカ出身者とその子孫」だけであった。アジア人種は市民権が持てない。日本人にはアメリカへの移民の道が閉ざされることになったのである。アジア人種はォルニアの土地規制法についてはすでに述べた。これまでにも日本人を差別する法律はいくつもあった。しかしそれらは州法であった。連邦政府は、こうした法律はアメリカの考えを代表するものではないと言い訳できた。しかし、排日移民法は連邦法であった。もはや言い逃れはできなくなった。アメリカはアジア系、特に日本人に対しての差別は国の方針だと宣言したことになった。

この法案の成立は、日本人にとっては衝撃的であった。アメリカの理想主義に共鳴する日本人も多かった。しかし、アメリカの理想主義は口先だけであったことが露呈したのである。日本はこの前年の九月、関東大震災で未曾有の被害を出していた。「（アメリカは）日本が塗炭の苦しみに喘いでいるまさにそのときに、長きにわたって日本人に開かれていたドアをばたんと閉めたのだ。日本はアメリカがこうした挙に出るなどとは思いもしていなかった。その動機も全く理解できなかった」[*8]（鶴見祐輔）のであった。

日本中に反米の空気が溢れたのは想像に難くない。法案の成立を阻止しようと、アメリカ大使館脇で割腹自殺する者まで現れた（一九二四年五月三十一日）。ジャーナリストのロバート・オーラ・スミスは次のように嘆いている。

「これまでアメリカ政府は、カリフォルニア州がどのような態度で臨もうが、合衆国は日本との強い友好関係の保持を希求すると繰り返し表明してきた。しかしこの法律の成立によって、政府の主張はもはや意味をなさなくなった。日本人移民に対するアメリカの態度が両国間の外交関係に重大な悪影響を与えたと結論付けざるを得ないのである」[*9]

さて、ずいぶん遠回りをしてしまったが、ここでケネディ大使が見ることになろう下田玉泉寺の顕彰碑の話に戻る。顕彰されているバンクロフト大使を任命（一九二四年九月二十三日）したのは、日米関係の悪化を憂慮したクーリッジ大統領であった。バンクロフトはシカゴで法律事務所を経営し、大手企業の法律顧問であった。農機具メーカー大手のインターナショナル・ハーベスター社、シカゴ&ウェスタン・インディアナ鉄道、サンタフェ鉄道といった有名会社がクライアントであった。また歴史家でもあり、複数の著作があった。

バンクロフトの東京赴任は淋しいものであった。一年ほど前に夫人が他界していたのである。独身生活の侘しさを紛らわすようにと親身の配慮を見せたのは、宮岡恒次郎であった。東京ロータリー倶楽部の幹部会員であり、国際弁護士であった宮岡は大使と面識があった。宮岡は、カナダ・トロントでの国際ロータリー倶楽部の大会に出席する際、シカゴに立ち寄っている。シカゴ法律家協会に招かれたのである。宮岡のために催された昼餐会にバンクロフトも出席していた。

今では宮岡のことを知る者は少ないが、彼は語学の天才であった。一八六五年生まれの宮岡は、わずか十一歳で東京英語学校（後の東京大学予備門）に入学し、十四歳のときには大森貝塚の発見者であるエドワード・モースの吉見百穴（埼玉県吉見町）調査に通訳として同行している。宮岡はモースだけでなく、フェノロサやパーシヴァル・ローウェルの通訳も任されている。ローウェルは、朝鮮が初めてアメリカに送り出す外交使節団の顧問になった際に宮岡を秘書として帯同している（一八八三年）。ローウェルはボストン有数の名家の出身であった。宮岡はアメリカ東部エスタブリッシュメントとの深いつながりをも持ち、アメリカ文化を理解する人物であった。

宮岡も日米関係の悪化を深く憂慮していたに違いない。知己であったバンクロフト大使を通じて、日米の相互理解をもう一度構築したいと考えていたのだろう。宮岡夫妻はときにバンクロフトを自宅に招待し、大使の孤独を慰めた。そして多くの日本の要人を大使に紹介した。バンクロフト大使は「両国民に必要なのは互いを知ること、互いを同情を持って理解することである。今こそその知識を広げる時期にある。我々はさらなる理解を拡げるためにはあらゆる努力を惜しまない」と述べ、日本の青年のアメリカ留学プロジェクトを計画したのである。[*10]

しかし、すでに述べたように、バンクロフトは赴任からわずか八カ月後（一九二五年七月末）に避暑に訪れていた軽井沢で客死してしまう。日米相互理解推進の作業が始まったばかりの急逝であった。大使の死はその後の日米関係を暗示するかのようであった。

日本政府はバンクロフト大使の亡骸を丁重に故郷に送り返している。亡骸を運んだ軽巡洋艦「多摩」がサンフランシスコ湾に到着すると、礼砲と両国の国歌が交換された（八月二十二日）。棺の周囲には十五個もの花瓶にたくさんの造花が飾られていた。横浜出港時にはもちろん生花であった。枯れてしまったあとは造花で代用していた。花瓶は天皇陛下が贈ったものであった。

渋沢栄一も日米関係の悪化を深く憂えていた。そしてバンクロフト大使の死を深く悼んでいた。

彼は二十世紀初頭の日本人排斥運動の際にも、日本に対するアメリカの理解を得ようとアメリカを訪問し各地で演説していた（一九〇九年）。その経験があるだけに、一九二〇年代に再燃した反日本人運動は気がかりでしかたがなかった。なんとしても両国の関係を改善したい。それが彼の思いであった。

彼は日米関係の出発点となった下田玉泉寺にバンクロフト顕彰碑設立の音頭をとった。記念碑の除幕式が行われたのは一九二七年十月一日のことである。栄一は、八十七歳の高齢にもかかわらず式典に参加し演説した。日米両国の和平を願う心からの演説であったに違いない。

栄一の演説から八十年以上の歳月が過ぎた。あの時代の反日の空気を煽ったのはアメリカ西海岸の白人至上主義者と、国務省にいた親中国の若手外交官であった。現在の反日を煽っているのは「夷を以って夷を制」せんとする中国古来の伝統に倣《なら》った韓国である。日米両国はすでに十分すぎるほど不幸な時代を経験した。「慰安婦」問題に代表される韓国の事実に基づかない歴史プロパガンダで、アジアの安定に最も重要な日米関係が崩されることがあってはならない。アメリカは韓国の、そしてその背後に控える中国のプロパガンダに利用されてはならない。

ケネディ大使が玉泉寺を訪れることになったら、日米の暗い時代の始まりを象徴するバンクロフト大使顕彰碑の意味するところを是非理解していただきたいと思う。幸い、バンクロフト大使の遺志は引き継がれている。彼の遺産と弔慰金を元にしたバンクロフト基金が設立（一九二八年）され、現在でも日本の高校生が奨学金を受け、アメリカの大学に学ぶ機会を得ている。[*11]

先の大戦で、日本人はアメリカを恨んでいたはずだ。その日本人がなぜ戦前に建立されたこの英文顕彰碑を破壊しなかったのか。その疑問に答える作業ひとつだけでも、大使に期待する日本人の心の一端を摑む一助になるはずである。

（「日米が不幸だった時代への旅を」『正論』産経新聞社、二〇一四年四月）

注

＊1　『日米開戦の人種的側面　アメリカの反省1944』九二頁。
＊2　*State Politics and Policy Quarterly*, vol. 4, No. 3 (Fall 2004), p276.
＊3　『日米開戦の人種的側面　アメリカの反省1944』九四頁。
＊4　松村正義「ワシントン会議と日本の広報外交」『外務省調査月報』二〇〇二年、No.1、六〇―六一頁。
＊5　Noel H. Pugach, American Friendship for China and the Shantung Question at the Washington Conference, *the Journal of American History*, Vol. 64 No. 1, 1977, p81.
＊6　同右、p72.
＊7　同右、p84.
＊8　『日米開戦の人種的側面　アメリカの反省1944』一〇四頁。
＊9　同右、一〇五頁。
＊10　飯森明子「日米協会にみる戦前昭和期の日米交流」『常盤国際紀要』第16号、二〇一二年三月、九三頁。
＊11　現在ではグルー・バンクロフト基金となっている。

開国から開戦まで、アメリカの変容を追う（『アジア時報』インタビュー）

日米衝突の根源はいつ、どのように生じたのか――。日本の学界では１９３０年代の満州（中国東北部）をめぐる対立に原因を求める論が主流に見えます。カナダ在住の在野の歴史研究家、渡辺惣樹氏は米英の資料を駆使し、日米対立の根源を19世紀に遡って考え、日米開戦はアメリカの宿命だったと結論付けます。１８５３年のペリー来航後、アメリカでは南北戦争、米西戦争、移民排斥、ハワイ併合、フィリピン領有という重大な出来事が起きており、フロンティアを喪失したアメリカがアジア・太平洋を新たなフロンティアとして拡大策を取る時、障害として出現したのが大海軍を擁する帝国日本だった、という見方です。セオドア・ルーズベルト大統領の「ガラス細工の対日外交」が壊れる時、何が起きたのか――。渡辺さんに前著『日本開国』も含めてお話をうかがいました。

日本人が評価された時代があった

――『日米衝突の根源　１８５８―１９０８』は太平洋戦争の原因を１９３０年代の中国をめぐ

る日米相克ではなく、もっと以前の日米関係そのものに求めるというユニークな見方が特徴だと思います。日本では戦後「どうして対米戦争を避けることができなかったのか」の議論が何度も繰り返し行われましたが、このように米英の資料を使って、米国の立場で振り返った研究は珍しいと思います。どのような経緯でこういう結論を導いたのでしょうか。

渡辺惣樹氏　『日米衝突の根源』の最初に紀行作家、ベイヤード・テイラーのことを書いたのですけれども、日本人は、この時期に日本人がものすごく評価されていたということを知らなければ、次の時代を正しく理解できないのではないかと思うのです。ヴィルヘルム2世が１８９０年代に入ると黄禍論を唱えますが、この前提を知らないと西欧人、白人は最初から日本人を差別していたのかと思ってしまいますが、そうではないのです。アプリオリに日本人、アジア人を差別していたという解釈で歴史を見るようになってしまいます。

日本人を評価している時代がまずあった。そのことが分かれば、「ではなぜ嫌われるようになったのか」を研究しなければならない。そこが今回の私の作品の一つの出発点でした。『日本開国』[*1]（書き下ろし）とチャールズ・マックファーレンの『日本　１８５２――ペリー遠征計画の基礎資料』[*2]の翻訳を上梓して、なぜこれだけ評価されていた日本人が、20世紀の始まり前後に嫌われ始めたのか、という流れを書き込みたいと思ったのです。

――すでに『日本開国』で太平洋シーレーンの話を書かれていますね。ペリーが日本に来たのは米国の中国市場参入のための格好の中継地にするためだった、その計画は民主党人脈で進められた、と。こういう大きな絵図面の中で日米関係が始まり、徳川使節団や岩倉使節団の歓迎振りを見ても第一の日米蜜月だった、と。

渡辺氏　日米関係のそもそものところを押さえないと間違えます。1860年代から80年代にかけての二つの日米友好のピークを書き込みましたが、ペリー来航と日米開戦しか知らないと、あの非常に豊かな日米関係が保たれた時代を理解ができないんです。私は日本に帰ったときには地方を旅行するのですが、その時代に白人たちが残していった文化を様々な場所で見ることができます。熊本の英学校の先生が残したものとか、静岡の学問所に雇われていて「日本人は東洋のヤンキーだ」と日本人を褒めた文章を書いた人とか、そういう人たちの功績が残っています。歴史に詳しい方も案外そこを押さえ切れていないので、すぐに移民排斥、黄禍論に行ってしまう。「日本人はアジア人だから嫌われている」と。

——ペリーの時代からアメリカは日本には親近感を持っており、不平等条約を押し付けたことを「日本人にはすまないことをした」という懺悔の思いがあったと書かれています。アメリカもイギリスからの独立で苦労しており、最初は日本には良くしてあげよう、という気持ちがあったわけですね。

米国はずるい国、いい国、反応両様

渡辺氏　そうです。アメリカは変容するのです。だから、私の本を読んでアメリカをずるい国と思う人と素晴らしい国と思う人と、受け止め方が全く両極端に違うらしいのです。

私はアメリカにもいいところと悪いところがあるので、いいところは徹底的に利用して、利用という言い方はいけないかもしれないけれども。

今回の本にも詳述しておきましたが、セオドア・ジュダという鉄道技師がいた。彼は大陸横断鉄道建設を任されたのに、政治家は「南のルートがいい」、「北がいい」と喧嘩ばかりしてルートが決まらない。そこでワシントンに陳情に行き「英国が南部連合に加担してカリフォルニアに上陸してきたらどうなるか考えてほしい、カリフォルニアやネバダが南部連合に組み込まれたら、この地域で豊富な金・銀の鉱物資源や穀物はどうなるのか、鉄道なくしてこの地域を東部諸州はどうやって防衛しようというのか」と脅かした。外国勢力の介入を極度に恐れていた政治家は言うことを聞き、サンフランシスコを太平洋側の基点とするルートに決まった。それを受けてリンカーン大統領が1862年に太平洋鉄道敷設法に署名して成立しました。

アメリカの意図を正確に読み解き、外圧として利用する。外圧を使って国内政治を動かすことは決して悪いことではなく、どの国もやっている手法です。それを利用という言葉で表したのですが。

私は第一、第二の友好の時代があったのになぜ「日米、もし戦わば」という時代になったのか、なぜ変わったのかというギャップをずっと考えていたのです。そうしたら、二つをつなぐリングとしてアイルランド人移民問題と日本人のハワイ移民問題を知りました。この二つを理解しないとアメリカ人の日本人に対する感情の変化は理解できないと思います。

――サンフランシスコの人々は1860（万延元）年の遣米使節のポーハタン号や随伴の咸臨丸を熱狂的に歓迎しましたね。日米蜜月の最初のピークです。ところがゴールド・ラッシュや大陸横断鉄道建設で中国人移民がたくさん入って来て、貧しいアイルランド移民と単純労働の奪い合いになる。そして「仕事を取られる」と中国移民排斥に動いたということですね。最初は日本人と中国人を区別していたのではありませんか。

アイルランド移民問題

渡辺氏　東部の知識人の間には「日本人と支那人は別だ」という意識はありましたが、サンフランシスコに行っている連中には、もちろん万延の徳川使節や岩倉使節を実際に見た人は別でしょうが、そうでない普通の人たちは支那人と日本人は肌の色も同じで、そのうえ日本人は当時、ほとんどいませんでしたから、区別しなかったでしょう。

アイルランド移民の問題と、もう一つが日本人のハワイ移民です。1881年にハワイ王国のカラカウア国王が日本に来ます。日本の歴史の本のほとんどがこれを〝トンデモ訪問〟ととらえているのですね。

僕はこの本で、カラカウア国王に感情移入して書き込んだのですが、王が自分の民族の将来を憂えた時、特に病気による人口の激減ですね、キャプテン・クックがハワイ島を発見した時（1778年）には10万～11万人いたハワイ人の人口が1870年代には西洋人が持ち込んだ風疹、インフルエンザ、百日咳で死亡率が上がり、性病蔓延で出生率が低下したため5万人ほどに半減しました。そういう中でハワイ王室をどう守るのか、と考えた末に日本の皇室の力を利用し、多くの日本人移民に来てもらい、新しいハワイ人を創ろうと考えた。歴史家はみな知っているんです、カラカウア国王が夜こっそりと東京の宿舎を脱け出して皇居で明治天皇と会い、「私の姪と日本の皇室の誰かと結婚できないか」と言った話は。その当時のハワイがどういう状況にあったかを理解しないで、その事件だけを見るとトンデモ事件という受け止め方になってしまうのでしょうね。

カラカウア国王にとってはハワイ人再生には人種的に近い優れた民族である日本人がどうしても必要だった。新しいハワイ人に日本人の血が欲しかった。日本人でなくてはならなかったのです。低賃金労働者ならクーリーでもよかった。

――アメリカ統計局が辺境（フロンティア）喪失を宣言した1890年に海軍大学の戦略史家アルフレッド・マハンが太平洋にフロンティアを広げる理論的根拠となる『海上権力史論』（1890年）を世に問いました。セオドア・ルーズベルトは97年に「今ハワイをとらなかったら大きな悔いを残すことになる。アメリカに敵対するであろう国のアメリカ本土攻撃の前線基地にさせてしまうのか」と激烈な文章を書いています。日本を意識したものですね。

ハワイ併合のためのフィリピン領有

渡辺氏　一応はイギリスと日本です。しかし、アメリカはイギリスとずっと喧嘩して日本とは蜜月だったのが、あの時代になると英米蜜月になって、日本とは距離ができて、徐々に米日、米英関係が逆転していくんですよ。ルーズベルトはおそらくフィリピン領有などはどうでもいいと思っていたのでしょう。私は「ハワイを取るためのフィリピン領有だった」と書きましたが、ハワイはハワイ国民の反対があって、（アメリカは）なかなか取れませんでした。批准に必要な米議会上院の3分の2もなかなか取れない。ワシントンのメトロポリタン・クラブでルーズベルト、マハン、アジア艦隊司令官のジョージ・デューイ、それにロッジ議員らが連日、どうしたらいいか、真剣に議論したのです。そこでハワイを取るためには一直線にハワイを取りにいくという、たとえて言えば柔道の技でなく、合気道の合わせ技でやるしかないね、となったのでしょう。フィリピンで戦争を起こせば、いかにハワイがアメリカにとって必要であるかが、アメリカの他の馬鹿政治家にも分かるだろうということで、かなり早い時期からルーズベルトはハワイを取るための手段としてフィリピンを取るという考えを持っていたと思います。

――白い艦隊を最終章に持ってきたのには何か思い入れがあったのでしょうか。

渡辺氏　今回の作品は入り口と出口は早い段階で決まっていました。入り口は日本を訪問、帰国して全米600カ所で900回もの講演をして回って日本の良さを訴えた紀行作家のベイヤード・テイラーの話ですね。これも、なぜか日本の歴史家の人たちが今まで取り上げていない。リンカーン大統領とも仲が良い人物なのに。

――367ページには「日清戦争で日本軍が旅順で虐殺した」という捏造記事を書いたフリーのアメリカ人ジャーナリスト、ジェームズ・クリールマンが出てきます。テイラーとは大違いですね。

渡辺氏　クリールマンも面白くて、NHKテレビの『坂の上の雲』で、もう1年くらい前だと思いますけれども、私はカナダで契約してテレビドラマを見たのですが、たまたまクリールマンの言う通りのドラマにしている場面を見てしまったのです。この本に書いておきましたけれども、日清戦争の時、旅順で大虐殺をしたというのは、アメリカも日本政府も調査したうえで「虐殺はなかった」と確認しているのです。

クリールマンのキャラクターも、当時のアメリカのいわゆるイエロージャーナリズム時代のジャーナリストの典型でした。売名のため、売れる記事を作るために何でもありの時代でした。歴史家は自分の見立てで多くの事件を繋ぎ合わせて物語を作ります。ですからどうしても自分の見立てに都合のよい事件を取り上げたくなります。もし本当にクリールマンの報じたような事件があれば、見立てに合わなくても取り上げなくてはなりません。でもこの時代のジャーナリズムの異形さをまず頭に入れてこの報道を解釈しなければなりません。そういった事件があって欲しいとか、あるはずだとかの態度で歴史に向かい合ってはいけないと思います。

タフト陸軍長官が、1904年4月にミズーリ州セントルイス市で開かれた万博にフィリピン原住民を1100人も呼び寄せ、復元した住居に住まわせたことを取り上げておきました。会場内にフィリピン人保護区を作って見せた。この「事件」も現代的な感覚で言えば「人間動物園」という表現ができます。でも、かつてフィリピンの民政長官でもあったタフトは真面目にフィリピンの啓蒙に取り組んだ政治家でした。カソリック教会が独占する農地を買い上げて農民に低利の融資で分け与え、自作農になれるようにした。アメリカ本土から多くの若者を呼んで英語教育を進めた。「人間動物園」もタフトが真剣にフィリピンへの理解を深めて欲しいと思って計画したものです。

もちろんこの展示はアメリカ人大衆に逆に恐怖感を生み、計画はバックファイアーしてしまいました。でもタフトは真面目にフィリピンの啓蒙に尽力していました。「人間動物園」という言葉は、後にどこかの学者が使った言葉ですが、こうした言葉を使うことは歴史家は注意しなければならないと思います。ですから私はこの場面も事実だけを描写しました。価値判断を内包する「人間動物園」などという表現は使いませんでした。

歴史家は、現在の価値観で過去の出来事や人物を評価してはいけないと思います。私自身もここのところは気を使っています。謙虚に過去に向かい合いたいと思っています。

「白い艦隊」は1907年12月にノーフォークを出発、世界一周の親善航海に出発した米大西洋艦隊です。ルーズベルト大統領は、日露戦争に勝利した後の日本が太平洋の海軍を増強していることに不安を感じていました。カリフォルニアの日本人排斥も収まらず、日米関係の矛盾が表面化し始めた時期でした。ルーズベルトは白い艦隊をハワイ、フィリピンの防衛演習と日本威嚇のために使いました。

ホーマー・リーの日米必戦論

渡辺氏　私はこの本の締めくくりは、むしろホーマー・リー（荷馬李）にしたかったのです。ホーマー・リーは1909年春に出版した *The Valor of Ignorance*（『無知の勇気』）という本で、セオドア・ルーズベルト大統領の対日外交がガラス細工のようなものだと洞察しました。「日米戦争は不可避」という内容があまりにも衝撃的だったので、日本でもすぐ『日米戦争』という題名で翻訳され、それなりにベストセラーになりました。私は原文で読みましたが「この時代にすでにこういう動きがあったのか」という印象が強く、何とか最後に持っていきたいと思っていました。

ベイヤード・テイラーとホーマー・リーの間をどう埋めて一貫した物語をつくるのか、と考えながら書き始めていた時、高平駐米公使と「ルート・高平協定」をつくったエリフ・ルート国務長官とホーマー・リーの関係がやっと分かったのです。

日本の歴史家はホーマー・リーという存在を知り、本の内容は読んでいるけれども、原文でしか分からない部分もあります。日本語訳にあったかどうか、よく「献辞」ってありますね、誰々に捧げますって。僕はそれをすごく大事にします。それを見ると誰とコンタクトがあったのかが分かりますから。英語版には最初に「ルート国務長官に捧げる」と書いてありました。それで「ああ、この人は権力中枢と相当にコンタクトがあった人だな」と分かり、それを追いかけているうちに、1994年に出た米陸軍大学の米陸軍戦略研究ペーパーを見つけ、そこに入っていたエドガー・オット氏の「忘れられた軍略家」という論文にめぐり合いました。

この論文でホーマー・リーがどういう人か詳しく分かったのです。552～559ページに書きましたが、リーの父は南軍の軍医で、リーもサンフランシスコに暮らしたことがあること、孫文と知り合い、義和団の乱では孫文の軍事顧問として働き、米国から送り込まれた軍司令官、シャフィー将軍と知り合ったことなどが分かったのです。実はシャフィーこそ、1904年に仮想敵国別戦争計画（color plans）の原型をつくった人物で、その対日戦争計画原案が有名なオレンジ計画の原案です。オレンジ計画はたしか1909年くらいに正式決定しますが、原案は日露戦争当時からいろいろと考えられていたわけです。シャフィーはオレンジ計画のアイデアをホーマー・リーからもらったと思います。シャフィーは『無知の勇気』を読んで「(興奮して) 眠れなかった」と書き、それが本に推薦文として掲載されています。

「なるほど」と合点が行きました。ホーマー・リーのアイデアをアメリカ中枢部が取り入れたのだと。

——日本を仮想敵国と考え始めたのは相当に早い時期だったのですね。なぜ仮想敵なのでしょうか。

WASPが弱かった時代

渡辺氏 あまりに文化が違うからでしょうね。もう一つ、これは非常に複雑な感情だと思うのですが、アメリカはその当時は弱かった。海軍力も日本より弱かったし、アメリカのWASP(ホワイト・アングロサクソン・プロテスタント)が一番追い詰められた時代です。多民族国家の強さを出す前の段階で、多民族国家になることによって国家が一時的に最も弱体化した時代だったのです。WASPの不安の時代だった。ホーマー・リーも書いていますが、日本の強さは単一民族国家であることでしょう。そこで彼は日本がいかに強いかということを書くわけです。

その当時はアメリカが日本を非常に怖がっていた時代です。だからホーマー・リーは「まだ戦争してはいけない」「日本を刺激するな」と言い続けました。その理由は、日本がこんなに強いからだと。だけど、もしも戦争になったら日本はどこからどのように攻めて来るということが全部書いてあります。

　実はホーマー・リーはポーツマス条約ができた直後には原稿を完成しています。本にも書きましたが、4年間待ったのです。4年間待って、自分の考えた通りに物事が動いていることを確認して、「それならば自分の言っていることは正しいだろう」と自信を持って上梓したのです。

　歴史家の多くがホーマー・リーについて書いています。でもこの陸軍大学論文は見ていないと思います。だから「ホーマー・リーは謎の人物」で評価が終わってしまっています。

「おわりに」でちょっと触れましたが、私が今住んでいるのがパシフィック・ノースウエスト、アメリカ大陸の北西岸ですが、まさにあのサンフランシスコから北に行くオレゴン、ワシントン、バンクーバーという、あの辺りに日本軍が攻めて来るという恐怖感が当時のアメリカ人にはあった。あれだけの差別をすれば、日本が軍隊を動かしてきても仕方がない、と思えるほどの罪悪感があった。太平洋岸の諸州では日本人移民を徹底的に差別していたのですから、彼らは本当に怖かったと思います。1907年にバンクーバーの日本人街と支那人街でものすごい移民排斥の暴動がありました。あの時代の北西太平洋岸には日本への恐怖心と日本人への差別意識がどす黒く渦巻いていたのです。

　ホーマー・リーは「今は我慢しろ、日本のほうが強いよ」と言い続けました。というのは、皆さん常識的には考えられないと思いますが、当時のアメリカの正規兵は少なかった。米西戦争の頃は、常備軍はわずか2万5000でした。戦争の開始でその数を増やしますがそれでも7万に満たない数です。その数年後だから推して知るべし、でしょう。

――米西戦争では秋山真之が観戦武官として行っていますね。

渡辺氏　秋山はキューバのサンチャゴ港にスペイン艦隊を押し込め、サンファン高地を取る作戦を見学しました。スペイン艦隊は港を出ざるを得なくなった。まさに旅順港閉塞作戦とそっくりなのです。

――1923（大正12）年の関東大震災の時もいち早く救援物資を満載した米太平洋艦隊が日本に一番乗りし、たしかあの頃に「青い目の人形」の逸話があったと思いますが、その良好な日米関係が20年も持たずに日米開戦となったわけですね。その間に何があったのか、まだまだ疑問は募りますね。

渡辺氏　書かなければならない課題がたくさんあります。私はあまり日本の歴史家の日米開戦時代を扱った本を読んでいません。米国の論文を読んでいると、満鉄の話にしても面白いですね。チャンドラ・ボースをめぐる話にしても、あの頃のアメリカとイギリスの対抗関係はとても面白いです。

「青い目の人形」の話も、親日派の宣教師がやったのですが、アメリカ側は彼をスパイとまではいわずとも、日本政府の息のかかった人物だと警戒していました。外務省も日系の通信社に資金援助して広報活動もしましたが、アメリカは「これは日本政府の意向をＰＲする機関」として全く相手にしませんでした。だから「青い目の人形」であれだけの善意の輪が盛り上がっても、アメリカ側に影響力を持たなかった。裏に日本政府がいる、という判断が有効に機能しなかった一つの原因ではないでしょうか。

――『日米衝突の根源』は渡辺さんが草思社から出した3冊目の本ですね。２００９年12月発行の『日本開国』は、アメリカがペリー艦隊を日本に派遣した本当の理由は捕鯨ではないだろう、と米側資料を丹念に調べ、当時の米国の国内事情を背景にフロンティアを失った米国が太平洋を新辺境と見て、特に中国という大市場を狙って太平洋に出てくるというアメリカの東アジア戦略の原型を浮かび上がらせた作品でした。２０１０年10月にはチャールズ・マックファーレンが１８５２年に刊行した『日本 １８５２』を本邦初翻訳して出版しましたね。ペリーたちがマックファーレンのこの本を読んで日本についての基礎知識を得ていた。その意味でペリーの頭の中を知るためには必読書だと思います。そして『日米衝突の根源』では前2冊で描いた世界も含めた50年間の日米関係が米側の資料で詳細に叙述されたわけですが、渡辺さんはいつごろ、どういう理由でペリーに興味を持ったのでしょうか。

伊能忠敬にならった人生

渡辺氏　私は静岡県南伊豆で生まれ、14歳で下田市に引っ越しました。少年時代は毎年初夏に下田で開く黒船祭を見に行っていました。子供ですから誰もが外国人に対する単純な興味を持っていましたが、「日本で初めて牛乳を提供した町」などという看板があったりして、子供の頃からアメリカに対する興味は持っていました。

――学校の授業でペリーのことを特別に教わったとかは？

渡辺氏　なかったですね。今考えれば、ペリー艦隊が下田に入ってきた１８５４年ですね、吉田松陰先生が密航を企んで聞き入れられず、そのあと奉行所に自首したような形になった。松陰先生がペリーに会いに伝馬船を漕いで出た場所に先生の銅像があるんです。でも、あの頃はどこでも左翼系の教師が多かったのでしょうが、そういった松陰先生のエピソードなどは一切教わらなかったですね。かなり年を取ってから下田と外国のつながりが分かってきました。今になれば、歴史の本を読む時、自分の歩いた下田の通りやお寺が出てきて目に浮かぶということもありますが、

――ペリーを意識し始めたのは大学生頃ですか。

渡辺氏　私は学生時代、スポーツとかデートが忙しくて、意識はしませんでした。不思議なのですが、その頃勉強していた仲間は、毛沢東語録とか主体《チュチェ》思想のような本を実に真剣に読んでいたのに、今は普通の人生を送って歴史とか国家にほとんど興味を持っていないように見えるんです。彼らから見れば、「勉強もしないで」と軽蔑されていた僕がこういうことをやっている。面白いですね。

高校が東京の私立武蔵高校だったのですが、国際貢献できる人物を育てるという校是で、厳しい教育を受けました。伊能忠敬の直系の伊能敬さんという方が化学の先生でおられまして、影響を受けて、我々の高校仲間は伊能忠敬の生き方に憧れる連中が多いんです。伊能は千葉県佐原の造り酒屋で成功し子供に店を譲り、50歳を超してから勉強を始めて、最初に北海道の測量に行きます。かなり自費を持ち出しました。自分の好きなことを自分の貯めたお金でやったんですね。あの人生が

すごくいいなあ、と思って、私もそういう人生を送りたいという思いがどこかにはありました。

――東大経済学部は当時、マルクス経済学でしたか。

渡辺氏　ちょうど拮抗していましたね。だから講座を両方取ってフィフティ・フィフティで単位を取らなければいけなかったんですけれども。

――専売公社に就職したんですね。安定的な人生を選択したのかと思いますが。

渡辺氏　私は東大経済学部の経済学科ではなく経営学科で、専攻はマーケティング論だったのです。ゼミも企業経済でした。どちらかというと一橋大学系の感じでしたね。純粋な金融経済学、近代経済学、新古典派のような話ではなくマーケティングだったのと、私はタバコが好きだったので、安定ではなく、タバコのマーケティングの面白さに興味を持って入ったのです。

あの頃は中曽根臨調の時代でした。私が入社した頃は民営化の動きが出始めた頃で、国鉄も電電も専売もみんな民営化準備を始めた時期です。タバコのマーケティングが日本の耕作組合や昔の経済企画庁の意向などという非常に政治的な動きで値段やパッケージ、長さが決まったりした時代でしたが、今後純粋な市場中心のマーケティングに入る時代だったのです。

私はたまたま東大経済のいい先輩に非常に気に入っていただいて、すぐにアメリカに行って来い、と。ですから1年も勤めずに、何の仕事も分からないうちにニューヨークとモントリオールに行かされまして、そこでマーケティングの勉強をさせられました。帰国後、論文を書いて、その論文の中で40歳～50歳代のバリバリの幹部のマーケティング手法を批判して、顰蹙《ひんしゅく》を買ったんです（笑）。でも非常に可愛がられて、今でも幾つか私の企画したタバコが残っていますよ。

――向こうでの勉強は大学で、ですか、オン・ザ・ジョブ・トレーニング（ＯＪＴ）ですか。

ＵＳＴＲ担当者は弁が立つ

渡辺氏　ＯＪＴですね。向こうの営業部長や市場調査担当マネージャーなどのアシスタントをやって、営業の最前線にも行かされました。トロントにはオンタリオ湖の北にヤングストリートという南北に走る大通りがあります。そこに連れて行かれて「明日からここはお前のテリトリーだ」と。私が慣れない運転で道に迷わないようにとの彼らなりの気配りでした。タバコの詰まった重いカバンを持って飛び込みセールスもやりました。楽しかったですね。

80年に帰国して1年間はマーケティングの専門の仕事、新製品開発にかかわり、その後、民営化に向けて法律制度の改革など基礎的準備を本格的に始めていた調査課でお手伝いをしました。今のＴＰＰ（環太平洋戦略的経済連携協定）じゃありませんが、ＵＳＴＲ（米通商代表部）と外務省や大蔵省（現財務省）がガンガンやりはじめた頃です。私はその時、一番下っ端で同時通訳の人たちとターミノロジーですね、専門用語の打ち合わせをやったり、資料をコピーしたり、外務・大蔵・専売公社の担当者の間で走り使いをしていました。

今でもよく思うのですが、ＵＳＴＲなどで交渉に出て来る連中は本当に頭がいい。弁が立つといった方が正確かもしれませんが、日本側で交渉する高級官僚の人たちも大変だと思います。要するにＵＳＴＲのメンバーはアメリカのトップクラスのロビイストをやっているような法律事務所の出身で、この辺の話はTPP関連の第4作として草思社から出版する予定です。

82年7月に清水の舞台から飛び降りたのです。すごくきれいな夏空の下、虎ノ門の本社前を「まただゼロからの出発だ」と思って歩いたのを覚えています。何の勝算も、つてもないまま、研修時代に土地勘の少しばかりあるカナダのバンクーバーに移住しました。今考えると、とんでもない決断でした。

そのうちログハウスの商売がメインになるのですが、そこに行き着くまで、いろいろな商売をやりました。日本から使い捨てカイロを輸入したり。カルガリーのオリンピックの時のマスゲームのメンバー全員に「寒いから」と、私がホカロンを納入したのを覚えています。カナダ、アメリカの北西部のスキー場を全部車で回って、セールスしてきたわけですよ。

それで、ちょうど日本がバブル経済だった頃、80年代の後半から本格的になるんですかね、ログハウスを輸出してくれという話が日本のお客さんからあって、自分で会社を創って社長になって日本中を回りました。南は長崎、別府、和歌山、蓼科、伊豆、軽井沢、千葉。そういう意味では楽しい仕事でした。

――その頃から近代日米関係史の研究は始めていたんですか。

渡辺氏　まだですね。伊能忠敬ですね、50歳を過ぎたらいつ引退しようか、という気持ちはありました。ログハウス事業の後に、日本のある化学会社の北米とヨーロッパの販路開拓の仕事を任されました。かなり進んだ技術を持っている会社でしたから、アメリカやヨーロッパの多くの会社との交渉をずっとやっていました。秘密保持契約を結んでジョイントで新製品開発を進めた。そうした会社の名前をここで挙げることは出来ませんが、誰でも知っているアメリカの錚々たる会社と仕事を進めてきました。そんな仕事も止めにしたのがおよそ4年前ですね。

ペリー来航の事件ですが、昔から「捕鯨業だけのために大艦隊を出すわけはないだろう」という非常に単純な疑問はあったんですよ。「そんなの間違いに決まっている」と。拙著『日本開国』につながる思いなのですが、資料がないと何も出来ません。そこでいろいろな資料を探していたら、アーロン・パーマーという日本開国計画を立案したロビイストの存在を知って、彼がロスチャイルドのエージェントであることも分かりました。

ネットにも出てくるくらいだから資料はあるのに、これまでの歴史研究者は見逃していたんですね。しかし彼の存在を知ったときは少し困ってしまいました。これほどの人物が見逃されるわけはない、「僕が初めて発見したわけじゃないよね」と思ってね。でも調べてみてもパーマーのことは日本では紹介されていませんでした。

——日本のアカデミズムの研究はタコツボになっていて、大きな疑問を呈示して時間をかけて解いていくというシステムになっていないようですね。全体的な視野が欠けた研究者が多くなったというベテラン研究者の話を聞いたことがあります。仕事を辞めて著述一本で生きるという決断はいつしたのですか。

祖国に何ができるのか

渡辺氏　食べていけるだけのお金が出来た、ということもありますが、非常に単純で、書くことについて別に遠慮する人は全くないし、好きなことを書いていい立場になったわけです。ある意味、大事なことだと思います。それと、これは向こうに行った人間でないと分からない感覚かもしれませんが、自分の子供たちが日本人として生きていくのだろうか、あるいはカナダ人として生きていくのだろうか、ということですね。私は長男ですから私の子供がカナダ人になると、昔の感覚から言えば渡辺家というものが消えるわけです。うちの家内なんかはそんなこと全然気にしていないが、男は気にしますよね。いろいろ考えて、下の子には頼山陽の詩を無理やり記憶させて吟じさせたりしましたが、そりゃあ無理だなと分かりました。要するに生物学的な日本人遺伝子の保存はできたけれども、文化的遺伝子の継承は自分の子供にはもう無理だと。自分の子供には日本という国がこんなものだ、という日本的価値観を押し付けるのをやめにしようと。

そうなると、私が何か祖国日本に対して貢献できるとすれば、文化的遺伝子、ミームと言われているものですが、これを何か残しておこう、という極めて生意気なんだけど、そういう気持ちが出てきました、捕鯨の話にしても「違う」ということは書いておかなければいけない、ということはいつも気持ちのどこかにはありました。

――きっかけは何だったのですか。

渡辺氏　アーロン・パーマーだけでなく、ペリーの娘婿のオーガスト・ベルモントもロスチャイルド家のエージェントだと分かったことです。人間関係はものすごく大事です。この本でも気をつけながら書いていますが、人間関係をいつも頭に入れて「この人とこの人は会っているはずだ」とか、「誰のために仕事をしたんだろう」とか、そういうことに気をつけながら資料を見たんです。

もう一つ言っておかなければならないのは、私自身は陰謀論のような見方は全くしていないんです。小説家はよくロスチャイルド家の陰謀などと書きます。一見もっともらしいのですが、ズームアウトしたら全然意味がないんですよ。読むには面白くて、楽しいですけれどもね。

フリーメーソンを秘密結社としておどろおどろしく書く人がいますが、あれは何なんだろう、と思います。フリーメーソンには入っている人物も多いのですが、フリーメーソンというのは、私の感覚では恐らく今のインターネットのようなものだと思うんですよ。情報網ですから。ただ、あの頃は権力者に何をやられるか分からないので、秘密のイニシエーションをやって、ペラペラしゃべらないようにしようね、という、それだけの話だと思います。

——文筆業に入ったのは何歳ですか？

渡辺氏　4年前くらいですから、54歳ですね。会社は個人の会社として残しているので、小遣い程度は入ってきます。

——資料収集で公文書館には行かれましたか。

渡辺氏　公文書館は行ってないですね。図書館の担当者とちゃんと話をすれば担当者が資料をコピーしてくれるんですよ。真面目な日本人は冗談を言いながら「お願いね」って、なかなかできないでしょ。かしこまって「お願いします」とやると、コピーしてくれない。冗談が電話線を通じて伝わるのはカナダで長く暮らした賜物です。ロスチャイルドアーカイブも資料を公開しています。一次資料という定義は難しいかもしれませんが、私は一次資料をなるべく利用するようにしています。重要な資料だけは原文で確実に読んでおくようにしました。二次三次資料も全部読んだら膨大な量になりますから。

――334ページにある、1年間の国民経済活動の総額、MV＝PQ（M：通貨貨幣量、V：1年間に貨幣が何回使われるかの貨幣流通速度、P：1年間に生産された物やサービスの平均価格、Q：1年間に生産された物やサービスの総量）の数式は少し難しかったのですが。

渡辺氏　これは経済学の初歩の初歩で、マネタリストの考え方ですが、これを知っているとものすごく便利で、たとえば政府貨幣を発行しろと主張する人がいますが、ああいう人たちの議論の中でも、これが分かっていると、どんなに貨幣を増やしてもMVのV、いわゆる貨幣流通速度が下がったらその主張も意味がなくなることが分かるわけです。政府は年金支給開始を遅くします、というと、それだけでVは下がるんです。みんな貯めちゃいますから。だから、政府貨幣を主張する人たちは同時に流通速度が下がらない政策の議論もしなくてはならない。片方だけの主張ではだめだということが分かります。

――TPPの日本国内の論争を見てどう思われますか。

渡辺氏　アメリカの本当の意図を捉えきれていないのでは、という不安があります。

――渡辺さんの3冊を読むと、時代の大きな流れには逆らえないものがあると書いているように思いますが。

渡辺氏　そうです。

——ＴＰＰもですが、中国がこれだけ大きくなって太平洋に出てこようとしている。日本はどこと連携して、どう対応するか、が問われていると思います。私などは中国に対抗するには日米同盟が基礎にあるべきだと思っていますが、そうするとＴＰＰにしても交渉の場には入って、あとは米国のＵＳＴＲなどは頭がいいから難しいかもしれないけれども、日本側も徹底して国益を守る交渉をすればいいのではないかと思います。日本の保険制度には手をつけるな、とかコメを守るとかですね。今の日本の論議は、交渉をする約束をしたのかどうか、というレベルです。

ＴＰＰ交渉で米国は大艦隊を組んでいる

渡辺氏　アメリカのビジョンがいかなるものなのかについては、私なりの合理的な推論がありま す。ですから、それを思い切って書き込んでしまおうかと思っています。日本はアメリカが何をしようとしているかをまず理解しないと有効な交渉はできません。ですから私は「アメリカが考えているのはこういうことだ」というのを提示して、それを受けて柔道のように戦うのか、合気道で戦うのか。私は合気道の合わせ技で、彼らの力を使って戦うべきだと思いますが。柔道の場合は自分の力で対抗するわけですけれども、柔道をやったらアメリカに勝てないから、合気道でいくべきだと僕は思うんです。基本的にはアメリカがどういうビジョンで今後10年後、20年後、アメリカの将来をかけてのシステムを作り上げようとしているのかということを理解しないと、日本のビジョンは策定できないのです。

——でも渡辺さんがそのＴＰＰ本を書く前に、読者にはこの『日米衝突の根源』を読んでほしいですね。太平洋シーレーン構想、消えたフロンティアをもう一度つくるという話から始まって、日米蜜月と日米の離反……。歴史の長いトンネルを通って、それが結局はＴＰＰにつながってきているように思いますが。

渡辺氏　基本的にはそうですね。要するに現状は１５０年前に極めて近似しているんですよ。１８６０年に井伊直弼が殺されます。あの時代というのはまさに維新の志士たちが攘夷という排外主義を取ったわけですよね。ところが、ある時期から逆に変わったでしょ。それは彼らの情報量が増えたということが関係しているはずです。ＴＰＰ問題を議論するには、まだまだ判断材料となる情報の量が不足していると思います。自分なりに収集した情報を提示して議論のたたき台にできたらと考えています。

——元財務官の榊原英資さんもＴＰＰ反対で論陣を張っていますね。彼はアジア通貨危機の１９９７年に参加国の拠出資金をプールして、アジアに国際的な通貨基金を創設し外貨不足になった国を支援する枠組みであるアジア通貨基金（ＡＭＦ）構想を打ち出したけれども、日本の台頭を恐れたアメリカと中国の反対で潰され、縮小した形で新宮沢構想に結実しました。その後、米国の政策に厳しい見解を示しているようにも見られます。当時「アメリカの虎の尾を踏んだのではないか」と言う人もいました。

渡辺氏　この本にも分かる人には分かるように書いたのですが、いわゆる貨幣発行益（セニョリッジ）でアメリカは目に見えない膨大な利益を享受しています。この立場を崩しかねないいかなる構想についてもアメリカは絶対に主導権を渡さないでしょうね。

——結局、ＴＰＰには参加すべきとお考えでしょうか。

渡辺氏　これは答え方が難しいですね。ただ言えることは、アメリカはもう大艦隊を組みました。その大艦隊の陣容を今回書いて、彼らの構想を推理して世に問いたいと思っていますが、要するに本当に平成のペリー艦隊は来ちゃったんですよ。『日本開国』を読んでいらっしゃる方は、『日本開国』の中にいろいろなプレーヤーがいることを理解されています。今度の本にも書こうと思うんですけれども、今回もあの時代のプレーヤーたちに相当する人物たちがいます。攘夷の志士が最初は反対だったけれども開国を推進し、素晴らしい日本をつくったように、ＴＰＰ交渉でもそうなる可能性があるのではなかろうかという思いを私は持っています。〈聞き手：『アジア時報』長田達治〉

（「世界・アジア・日本　著者インタビュー『日米衝突の根源　１８５８—１９０８』渡辺惣樹」『アジア時報』アジア調査会、二〇一二年一・二月）

日清戦争　アメリカはなぜ日本を支持し、朝鮮を見限ったか

本書『朝鮮開国と日清戦争』を読了された方は、明治の指導者が朝鮮王朝に対していかに抑制的な外交を展開していたかを知って驚いたに違いありません。西洋列強が角突き合わせる舞台が清国や朝鮮半島に移っていた十九世紀後半の日本外交は、いわゆる「不平等条約」の改正を悲願としていました。そのためには西洋列強に対して、日本は一人前の法治国家であり、同時に、西洋のロジックで外交交渉が可能な文明国であることを実証しなくてはなりませんでした。よちよち歩きの日本外交は、朝鮮と新しい国家間関係を構築する過程で初めて西洋式外交を経験したのです。対朝鮮外交は、おっかなびっくりという言葉がぴったりする手探りの外交でした。

圧倒的な軍事力を持つ西洋列強の外交官にとっても、朝鮮王朝はやっかいな相手でした。その理由は、朝鮮と清国の間にある濃密な冊封《さくほう》関係の存在でした。彼らは、対朝鮮外交は対清国外交そのものであることを理解していたのです。宣教師を虐殺されたフランス[*1]も、自国船を焼かれ乗組員を虐殺されたアメリカ[*2]も、朝鮮に対して強硬な態度に出ませんでした。そうすることが、必ずや清国との衝突を招くことになることがわかっていたのです。

西洋列強はその難しい外交（朝鮮開国交渉）を日本に任せました。対朝鮮外交が単純な二国間外

交ではなく、清国そして欧米列強各国との外交関係の中で存在していることを明治の指導者に理解させ、的確なアドバイスを与えたのは、エラスムス・ペシャイン・スミス[*3]を筆頭とするアメリカ人外交顧問たちでした。彼らの指導を受けたからこそ、明治の指導者は、いわゆる「征韓論政変（明治六年の政変）」のわずか三年後に日朝修好条規を結び、朝鮮の開国を成功させたのです。

ところが、日朝修好条規の締結の陰の仕掛け人であったアメリカ人顧問の存在と彼らの果たした役割を語る書はほとんどありません。それは彼らがアドバイザーの領分をわきまえ、黒子に徹していたからでした。明治の指導者たちも、その外交に米国人アドバイザーの存在があったことを明示的に語ろうとはしていません。日本が西洋諸国のロジックで独自外交を展開する能力があることを知らしめる必要があったからです。それでも、そこかしこにアメリカ外交思想の影響がにじみ出ているのです。

朝鮮と関わろうとすれば清国との衝突が避けられない、と西洋諸国は考えていました。日清戦争[*4]は朝鮮を独立国として扱った日本外交がもたらした必然の結果でした。ヨーロッパ列強はそのことがわかっていましたから、朝鮮をけっして独立国として扱おうとはしませんでした。しかし、日本とアメリカだけが朝鮮を独立国家として認めた外交を展開したのです。だからこそアメリカは、日清戦争で日本を支持したのです。その意味で日本は、火中の栗を西洋列強に代わって拾わされた、と表現することも可能なのです。

下関講和会議では元米国国務長官ジョン・フォスター[*5]が清国側のアドバイザーとして活躍しています。陸奥宗光外相らと深い親交のあったフォスターは黒子の立場に徹しながら、ときに弱音を吐く清国全権李鴻章《りこうしょう》を励まし、的確なアドバイスを与えたのです。従来の史書はフォスターの存在を全く語っていません。しかしフォスターがいなければ下関講和会議は破綻した可能性さえありました。幸いにも、フォスターは下関講和会議の内幕をメモワールに残しました。それがあるからこそ、日清戦争におけるアメリカの役割が手にとるようにわかるのです。

今年（二〇一四年）は日清戦争開戦から百二十年目にあたります。この節目の年に、アメリカのアジア外交の視点を通した、新しい日清戦争の解釈を世に問うことができたのは望外の喜びです。本書が、歴史をより広い視点から解釈する一助になることを願っています。

（『朝鮮開国と日清戦争』「あとがき」草思社、二〇一四年）

注

＊1　朝鮮では十九世紀初めからカソリック教徒に対する迫害が激しくなった。一八〇一年、禁教令により信徒三十名が処刑。一八三九年、宣教師ピエール・モーバンが朝鮮人信者百十三人とともに殺害される。一八六六年には、フランス人宣教師九人と一万人近い信者が処刑された（丙寅教難）。

＊2　一八六六年に起きた米国商船ゼネラル・シャーマン号事件。

＊3　Erasmus Peshine Smith（一八一四―八二）南北戦争とその後の国家建設の思想的基盤をグラント政権に提供。国際法と政治経済学のエキスパート。日本外務省の顧問第一号となる。

＊4　日清戦争（一八九四―九五年）。

＊5　John Foster 国務長官の任期：一八九二―九三年。ロバート・ランシングの岳父。戦後冷戦期の国務長官ジョン・フォスター・ダレス、CIA長官アレン・ダレス兄弟の祖父。

Ⅱ　アメリカのロジック

米国内の「慰安婦」騒動を解決する決定的ロジック

かつて日本人は強制収容された

私たちのように北米西海岸に住む者にとって、韓国ロビー団体の進めるいわゆる「慰安婦像」設置運動は不気味なものである。とくに子供を現地の学校に通わせている家庭は心配になる。アメリカ・カナダでも、日本人は野蛮であると信じたい政治勢力が白人のグループにもいるだけになおさらである。反捕鯨グループのプロパガンダ映画『ザ・コーヴ』を授業で見せられた息子が気落ちして帰ってきたことを思い出す。わが町に「慰安婦像」なるものなど建てられたらたまらない。

私の住む町（カナダ・バンクーバー）では、百年前、白人種による激しい反日本人暴動があった（一九〇七年九月七日）。それだけに神経が過敏になる。百十年前のこの日の暴動では、ダウンタウンにあった日本人街が白人集団に襲撃された。幸い当時は日英同盟が堅固な時代であったから、カナダ政府は日本に対して丁重に謝罪した。そのため大事には至らなかったものの、この事件は後の日本人移民の運命に暗い影を落とした。

バンクーバー暴動の調査にあたったのはウィリアム・マッケンジー・キングである。後にカナダ首相となる人物である（任期：一九二一年から三〇年、及び一九三五年から四八年）。反日本人暴動の調査にあたったころのマッケンジー・キングは、三十代前半の少壮官僚であった（一八七四年生まれ）。その調査を終えた彼を、時のアメリカ大統領セオドア・ルーズベルトがワシントンに招聘した。

当時、ルーズベルト大統領は、アメリカ西海岸一帯で嵐のように吹き荒れる日本人移民排斥運動を深く憂慮していた。バンクーバーの暴動も米国シアトルからやって来た日本人・朝鮮人排斥連盟の同市支部長に煽動されたものだった。アメリカの排斥運動とバンクーバーの暴動は連動していたことをルーズベルトは知っていたのである。

ルーズベルト大統領は、日本人排斥運動に道理のないことをよくわかっていた。彼は日本文化に造詣が深かっただけに苦々しい思いを持っていた。道理がないだけに日本がアメリカに怒りをぶつけても致し方なかろうとも考えていた。しかし政治家としてはそれを座視するわけにはいかなかった。ルーズベルトは、一八九八年の米西戦争で領土化したフィリピンの安全保障が気がかりだった。それを脅かす可能性のある日本の目を北に向けなければならなかった時期であった。日本を刺激することを避けながら、国内の反日本人活動を沈静化させなければならなかった。

ルーズベルトにとって日本人移民問題を解決する最善の方法は、ハワイ経由も含む日本からの移民そのものを抑制することであった。ただその方法は強制であってはならなかった。誇り高い日本人を差別的に扱うことは避ける必要があった。日本人の誇りを傷つけることがないよう、あくまでも日本政府の自主的判断のかたちで日本人移民の数を減らさなければならなかった。ルーズベルト政権は、一九〇七年十一月から翌年二月まで交渉を続け、日本政府に移民の自主規制（日米紳士協定）を約束させている。

対日外交に丁寧（慎重）であったルーズベルト大統領は、日本の同盟国であるイギリスに配慮することを忘れなかった。カナダは大英連邦の主要国である。先述のバンクーバー反日暴動の調査にあたったマッケンジー・キングをホワイトハウスに招き（一九〇八年一月二十五日）、イギリスに対して、移民規制問題では日本にかなり強硬な態度で交渉していることを伝えた。日本人移民問題で同じような悩みを抱えるカナダを通じて、アメリカの考えをイギリス本国に伝えさせ、予め了解をとっておきたかったのである。

ルーズベルトは、バンクーバー暴動の詳細を知るマッケンジー・キングに対し、ロンドン行きを勧め、北米西海岸の日系人移民問題をイギリス政府に直接説明するよう要請した。この考えにローリエ・カナダ首相は理解を示し、マッケンジー・キングをイギリスに遣っている。一九〇八年春にイギリスに渡ったマッケンジー・キングは、カナダの考えとルーズベルト大統領の意向をイギリス政府に伝えたのであった。キングは、そこからさらにインド、中国、日本に足を延ばして移民問題の調査にあたっている。彼はこの経験を通じて、日本人を含むすべてのアジア系移民に強い警戒感を持つことになった。

マッケンジー・キングは、第二次世界大戦勃発前後の時代に長期にわたってカナダ首相を務める大物政治家となっている。彼は、日本人（他のアジア系も含む）は白人社会に同化不可能な人種であると決め付けた。日米開戦後は、アメリカの日系人強制収容政策に倣って、カナダ西海岸の日系移民を内陸部に強制移住させている。彼の日本人嫌いは一九〇七年九月のバンクーバー暴動に端を発していたのである。

バンクーバーには日本人街があった。しかし、強制収容を経験した日系移民のほとんどはそこには戻らなかった。筆舌に尽くしがたい苦痛を思い出したくなかったのである。二束三文で売り払わなければならなかった土地や店舗を見たくはなかった。かつて日本人街のあった場所に、もはや日本人は住んではいない。そこにある小さな公園で毎夏開かれる日系人のお祭り（パウエル祭）だけが、このあたりにかつて日本人街があったことをかすかに思い出させるだけである。

北米西海岸の諸都市で実施された日本人強制収容政策がいかなるものであったか。日系人が味わった苦しみはいかなるものであったか。それについては当時のジャーナリストであったカレイ・マックウィリアムスが詳細な記録を残し（一九四四年）、ときのフランクリン・ルーズベルト政権を批判している（『日米開戦の人種的側面　アメリカの反省１９４４』）。是非一読を勧めたい。

営々と努力を続けた日本人移民

多くの子供たちも強制収容所生活を強いられた。その一人がミネタ・ヨシオ（峯田良雄、ノーマン・ミネタ）である。父の国作は静岡県三島市の出身である（一九〇八年、サンフランシスコに移住）。ヨシオがカリフォルニア州サンノゼに生まれたのは一九三一年のことである。ヨシオ少年はアメリカ生まれであるにもかかわらず、ロッキー山脈を越えたワイオミング州の荒野に作られたハートマウンテン収容所に送られた。戦後は、米陸軍情報担当士官として韓国と日本で働いている。民間人に戻ったミネタがサンノゼ市長に当選したのは一九七一年のことである。日系二世のミネタの活躍は、日本人は白人社会に同化できない人種であるという、アメリカ社会にあった偏見を見事に打ち破った。サンノゼ市はサンフランシスコ市の南にある大都市である。大都市の市長に日系人が選出されたのは彼が初めてであった。この四年後にはワシントン議会の下院議員となった。

ミネタ氏の市長当選を心から喜んだ元下院議員がいる。ニューヨーク州選出の共和党議員であったハミルトン・フィッシュである。一九七一年四月十四日付のニューヨーク・タイムズ紙は、ミネタ氏と、当選を喜ぶミネタ夫人の様子を伝えていた。フィッシュ元議員はその記事を読んだのである。

ハミルトン・フィッシュは日本人には全く知られていない。しかし、日本とは関係の深い人物である。真珠湾攻撃の翌日（一九四一年十二月八日、月曜日）、フランクリン・ルーズベルト大統領は日本に対する宣戦布告を求める議会演説（「恥辱の日演説」）を行った。ルーズベルトの演説に続いて、下院議員としてそれを容認する演説を行ったのがハミルトン・フィッシュ議員である。フィッシュ議員の演説に、全米二千五百万人がラジオを通じて聞き入った。当時のアメリカの人口はおよそ一億三千万であった。

フィッシュ議員は大のルーズベルト嫌いであった。ヨーロッパの戦いに干渉したがるルーズベルトを警戒し、アメリカが参戦することに強く反対していた。彼は、アメリカ孤立主義運動の先頭に立つ有力議員であった。このころ、アメリカ世論の八割以上がヨーロッパやアジアの争いに巻き込まれることを拒否していた。

その世論の流れを一気に変えたのが真珠湾攻撃であった。アメリカ孤立主義運動は真珠湾攻撃によって粉々に破壊されてしまった。運動の指導者であったフィッシュ議員でさえ、対日宣戦布告を容認せざるを得なかったのである。彼は次のように演説した。[*1]

国を守るためにはどんな犠牲を伴っても致し方ない。気の触れた悪魔のような日本を完膚なきまでに叩き潰すためには、どのような犠牲であれ大きすぎることはない。

戦いの時は来た。手を携え、堂々とアメリカ人らしく戦いを始めよう。そしてこの戦争は、単にわが国に向けられた侵略に対する防衛の戦いというだけではない。世界に、自由と民主主義を確立するための戦いであることを知らしめよう。勝利するまで、わが国はこの戦いをやめることはない。


しかし、戦後になるとフィッシュ議員はこの演説を深く恥じることになる。ルーズベルト政権の対日交渉の詳細が次々と明らかになってきたからである。とくにフィッシュが問題にしたのは、ルーズベルトが、ハル・ノートの存在を議会に隠していたことであった。

「アメリカが誠意を持って対日交渉を続けているさなかに、日本は卑怯にも真珠湾を攻撃した」

ルーズベルトはワシントン議会や国民にそう説明した。しかしそれは偽りであった。

「私たちは、日本が和平交渉の真っ最中にわが国を攻撃したものだと思い込んでいた。一九四一年十一月二十六日の午後、国務省で日本の野村大使に最後通牒が手交された。それはハル国務長官が手渡したものである。ワシントンの議員の誰一人としてそのことを知らなかった。民主党の議員も共和党の議員もそれを知らされていない」*2

フィッシュ議員はルーズベルトに騙されたことに気づいたのである。

彼は共和党員であり、ルーズベルトの前任のフーバー大統領（共和党）の抑制的な対日外交を知っていた。それだけに、ハル・ノートの内容が日本に対する最後通牒そのものであったことを直ぐに理解した。彼は、ハル・ノートは議会の承認を得ない対日最後通牒であると言い切っている。それは、議会だけに開戦権限を認める合衆国憲法の精神にも違背する外交文書であった。だからこそフィッシュ議員は、ハル・ノートの存在を隠したルーズベルトを軽蔑した。そして、その嘘に乗せられて対日宣戦布告を容認したことを強く恥じたのである。

戦後の研究で、日本の天皇も指導者も対米戦争を望んでいなかったことまでが明らかになると、フィッシュ議員の怒りは頂点に達している。あの戦いで命を落としたアメリカの若者の犠牲を悼むだけではなかった。命を失った日本人に対しても深い哀悼の念を表している。

「……日本人はあの戦争を最後まで勇敢に戦った。二度と米日両国の間に戦いがあってはならない。米日両国は二つの偉大な国家、つまり自由と互いの独立と主権を尊重する国家として手を携えていかねばならない。日本が攻撃されたらわが国は日本を防衛する。それがわが国のコミットメントであり、世界はそのことを知らなければならない」*3

フィッシュ議員は、国民の意思を「対日戦争止むなし」にまでまとめ上げてしまったことを恥じ続けた。だからこそ、ミネタがサンノゼ市長に選出された報道に接し、それを心から喜んだのである。真珠湾攻撃をめぐるルーズベルト政権の「悪意」を許せなかったフィッシュ議員とルーズベルト大統領の確執については、ジェフリー・レコード著『アメリカはいかにして日本を追い詰めたか』（渡辺訳・解説、草思社、二〇一三年）の「解説」で詳述したので是非一読願いたい。

さて、民主党員のミネタはクリントン政権では商務長官を、さらに共和党のジョージ・ブッシュ政権になっても運輸長官を務めた。北米に住む日本人が白人社会に同化するまでには一世紀以上にわたる苦い歴史がある。ミネタ氏に代表されるような日本人（日系人）の努力によって、日本人は北米社会でも認められる存在になったのである。

人種問題はデリケートなものである。いまだに日本人は人種として危ない民族である、と考えたい勢力が存在する。アメリカの知識人の多くは、上述のハル・ノートの存在を知っているが、国民のほとんどは知らない。いまだに真珠湾攻撃を騙し討ちだと信じている。フランクリン・ルーズベルトを偉大な大統領だと思い込んでいる者も多い。国家元首でもある大統領が国民を欺くことなどするはずがない。それがほとんどのアメリカ国民の感情であり、日本人はずるい民族であると信じる、あるいは信じたい勢力は根強いのである。

日本を貶める情報戦争

日本人は野蛮でずるい民族であると訴えたいグループのひとつに反捕鯨団体があることはすでに

述べた。もちろんそういったグループはこれだけではない。いわゆる「南京虐殺事件」を使って反日本人プロパガンダ工作を続けるグループも存在する。歴史書の体裁をしたプロパガンダ本、アイリス・チャン著 *The Rape of Nanking*（邦訳『ザ・レイプ・オブ・南京』）はいまだに書店の棚に並んでいる。

著者のアイリス・チャンは北米各地で講演活動を繰り広げていた。わが町の有力大学でも講演していた（ブリティッシュ・コロンビア大学、二〇〇三年三月）。彼女は二〇〇四年十一月にピストル自殺を遂げている。しかし、南京で日本軍が三十万人を超える虐殺をしたと主張する政治グループは、彼女を殉教者として聖人化する活動を継続しているのである。

いわゆる「南京虐殺事件」についてのプロパガンダ情報戦争では、日本は劣勢を強いられている。欧米の歴史家はもはや数十万規模の虐殺や大量の強姦事件があったと、疑いもしない。たとえば、ニーアル・ファーガソン教授（ハーバード大学）は、金融史経済史の分野では評価が高く、私も彼のこの分野の作品を文献として使用している。しかし戦争問題を扱った歴史書（『世界の戦争——憎しみの時代』[*4]二〇〇六年）は史書としては疑問符が付くものである。

彼はこの書で六ページ半を費やして「南京虐殺事件」を描写している。

「犠牲者の数は二十六万人と推定されている」（四七七頁）

「南京攻撃で忘れてはならないのは強姦である。（中略）八千人から二万人の女性が強姦されたと推定されている。アメリカ人宣教師のジェームズ・マッカラム（James McCollum）は、一晩で少なくとも千人の女性が強姦されたとしている」（四七七—七八頁）

この問題については、ファーガソンは歴史家として失格である。彼はこうした数字について強い疑義が呈されていることに全く言及していない。おそらく事件について懐疑的な文献には一切目を通していないのではないかと思われる。文献リストには『ザ・レイプ・オブ・南京』が挙げられている（六六三頁）のだが、同書は歴史家のプライドがあれば出典に挙げるのを躊躇《ためら》う代物である。

ファーガソンは南京で実際に強姦したという元日本兵 Azuma Shiro の証言も載せている。Azuma は「女性をレイプすることはお答めなしだった」「強姦した女は刺し殺した。殺せばしゃべりはしない」と証言しているという（四七九頁）。このAzuma Shiro なる人物の述べた言葉の出典が明示されていないので確定できないが、恐らく東史郎のことだと思われる。本誌の読者であれば、すぐにぴんとくる人物である。ファーガソンは、東が「中帰連」（中国帰還者連絡会）の幹部であったこと、つまり戦後、中国・撫順《ぶじゅん》戦犯管理所で思想教育を受けた人物であることには何の言及もせず、一介の元兵士の発言として記述しているのである。

これが欧米の「一流」の歴史書の現実である。ファーガソン教授はタイム誌で「世界で最も影響力のある一〇〇人」（二〇〇四年）に選出されている。

危うい「慰安婦像問題」

ここで表題の「慰安婦像問題」に話を戻す。外国に暮らす多くの日本人にとって、とりわけ北米西海岸に暮らす日本人（日系人）にとって、ロサンゼルス市近郊の町グレンデールの公園内に「慰安婦像」なるものが設置されたことは不快の極みである。かつて日本人強制収容の引き金になったのは、「日本人は北米社会に同化できない劣等〝人種〟である」とする思想であった。

あのような異形な少女像を見て、日本人という人種そのものが獣のような性格であるなどと再び誤解されたら、悪夢のような日本人排斥運動さえ勃発するかもしれない。外国に暮らす日本人は、韓国のファナティックなロビー活動に不愉快な思いを抱き、強く憤っている。日本政府が毅然とした態度を見せないことにも苛立っている。

私の暮らすバンクーバーは、同市周辺を含めるとおよそ二百三十万の人口を抱えている。そのうちの四万六千人（二・二％）が韓国系である。日系の三万人（一・四％）を大きく上回っている。いつグレンデール市の二の舞にならないとも限らないのである。

この町に暮らす韓国系の人々は狂信的ではないと信じてはいるものの、万一に備えなければならない。グレンデール市のような動きが始まったら、私たちは直ぐに行動を起こさなければならないと考えている。私たちはメディアを含む白人社会に対して、どのようなロジックを使って訴えたらよいのだろうか。そのことを予め考えておく必要がある。

実は、私はその訴えの作業はそれほど難しくはないと考えている。正しいロジックで白人社会に訴えれば、案外簡単に理解してもらえるのではないかと考えている〔注：バンクーバーに隣接するバーナビー市にあるセントラルパークへの慰安婦像設置計画が二〇一五年に持ち上がったが、日系人の抗議の結果、中止となった〕。

〝クロス（反対尋問）〟に晒されない証言は無価値

私は従前から「河野談話」はかなりいい加減な証言を根拠にした、外交的配慮の下に発せられたものであろうと疑っていた。産経新聞が「河野談話」の基礎となる、いわゆる「慰安婦」証言の実態をスクープ（二〇一三年十月十六日）したことで、私の疑義は妥当だったと確信するにいたった。私が確認したかったのは、「慰安婦」であったと証言する女性に対して「クロス（＝反対尋問 cross examination）」がなされたか否かであった。

彼女たちの主張は、かつての日本が罪を犯したと訴えるものである。その主張は極めてシリアスである。したがって、日本に対する糾弾は法のルール（ロジック）に則るものでなくてはならない。そのルールは法廷の場だけの特殊なものではない。法廷外における論争にも適用される。韓国は、日本国民に対して謝罪と金銭を要求している。ならば法の精神に則った適正な議論（due process）があって当然だ。

証言が証拠として価値を持ち得るためには、その証言が「クロス＝反対尋問」に晒《さら》されなければならない。それは法理論の基本中の基本である。私は「河野談話」発表にいたる過程で、彼女たちの訴えに対する反対尋問、あるいはそれに類似のプロセスは踏まれていないだろうと推察していたが、それが間違いないことが産経新聞のスクープで明らかにされたのである。私の言う「反対尋問」とは、彼女たちの人格を否定する作業ではない。証言に矛盾はないか、嘘がないか、伝聞証言ではないか、そうしたことを厳格にチェックするプロセスである。

この問題で挙証責任（burden of proof）があるのは韓国側である。日本にはない。したがって、韓国側が提出する証拠を吟味し、証言の信憑性についてその証言者に「クロス＝反対尋問」するだけでよい。こちらから「なかった証明」などしなくてよい。それを証明したかったらすればいいが、その行為はあくまで外交的配慮によるものであって、日本側には挙証責任はない。それが大原則である。「売春婦」ではなく「性奴隷」であったと訴えたければ、挙証責任はあくまでそれを主張する女性の側にある。

日本は、あの時代に公娼制度があったことは否定していない。ただし、あの吉田清治のファンタジー（注：軍命令による女性誘拐等だが、自らが慰安婦狩りの当事者だったという「吉田証言」を十六回にわたって記事にしてきた朝日新聞は、二〇一四年八月、同証言を虚偽と判断して、すべての記事を取り消した）のような事件などありはしなかった。もちろん性奴隷など存在しない。「それを示す証拠も、信ずるに足る証言もない」。そう反論し、どっしり構えていればよいのである。アメリカではネバダ州の一部の地域で売春は依然合法である。当時、売春が合法であったということを理解することはそれほど難しいことではないのだ。

産経新聞の報道にあるように、「慰安婦」だったと名乗りをあげた女性からの聞き取り調査は「杜撰《ずさん》」であった。しかし北米社会では「杜撰」という言葉での説明は意味をなさない。「杜撰」とは何か、その本質を明示する必要がある。その本質とは、前述のように「慰安婦証言はクロス（反対尋問）がなされていない。したがって無価値である」ということなのである。北米はアメリカでもカナダでも陪審制度が根付いている。テレビでは裁判のドキュメント物が人気である。証言が「証拠価値のある証言」たり得るには「クロス（反対尋問）」のプロセスが必須であることは、一般人でさえ理解している。ハル・ノートの存在を知らない一般人でも、このことはよくわかっているのだ。

万一カナダで「慰安婦像」設置の動きがあれば、「『クロスのなされていない証言』を証拠として採用しろというのか」と反論すればよいのである。

「河野談話」は日本国憲法違反

アメリカやカナダでは上述のように、反対尋問（クロス）権がどれほど重要であるかについては一般人でさえ理解している。この権利が侵害されたら、いつ何時、罪を着せられてしまうかわかりはしないからである。仮に韓国の主張にシンパシーを感ずるカナダ人がいたとしても、「『クロスのなされていない証言』を証拠として採用しろというのか」という反論には怯《ひる》むのである。

私自身、アメリカとカナダでビジネス上の裁判を経験してきた。相手方弁護士からの尋問に晒された経験は何度もある。嫌味な質問をどれだけ浴びせられたかしれない。しかし私の証言が価値を持つためには、このプロセスは不可避である。裁判官はクロスのない証言を証拠採用しない。英米型の裁判では民事でも刑事でも反対尋問を経ない証言は証拠力を持たないという原則が徹底しているのである。

「河野談話」はこのプロセスを無視した。祖先を含む、すべての日本人を侮辱するシリアスな糾弾に対して、最も重要な権利である反対尋問権を行使しての日本人擁護の義務を怠ったのである。反対尋問権は日本国憲法でも重視されている権利である。日本国憲法第三十七条二項にそれが明記されている。

> 刑事被告人は、すべての証人に対して審問する機会を充分に与へられ、又、公費で自己のために強制的手続により証人を求める権利を有する。（傍点筆者）

日本政府は、糾弾されている日本人のために、「慰安婦」証言に対して反対尋問権を行使しなければならない。もし、韓国側がそれを拒否するのであれば、そのような証言は証拠能力を持たないと、切って捨てればよい。

一部に、慰安婦証言は「生き証人」によるものだと主張する論者がいる。これは「証人が生きている」という事実だけの意味しかない。彼らがアメリカで「生き証人」などという用語を使えば、一笑に付されるであろう。証人が生きていようがいまいが、その証言が反対尋問のプロセスに晒されていなかったり、証人が反対尋問を拒否していれば、その主張（証言）には何の信憑性（証拠価値）もないのである。

前述の日本国憲法第三十七条二項にもあるように、反対尋問権は極めて重要な国民の権利である。ところが日本の司法では、反対尋問権を北米ほどには重視しない悪癖がある。反対尋問のプロセスを経ない証言が、ときに、こじつけのような例外規定をもって証拠採用されることがあるのだ。英米法の法プロセスの中で生活する者はときおり、日本の司法判断には、「あれっ」と思わされることがある。

日本政府が、「河野談話」の発表前に、日本人の名誉を守るために反対尋問権を行使しなかったことは、北米で暮らす者の視点からすれば、看過できるものではない。日本の有識者がこのことを問題にしないのは、日本の司法システムの特殊性に慣らされた結果ではないかと疑わざるを得ないのである。

韓国側は、この日本の特殊性を十分に利用した。当たり前の反対尋問権を行使しなかったのは日本政府の責任である。日韓だけの揉め事であれば、〝弱腰〟の日本政府の対応を憂えていればそれで足りる。しかし、韓国はそのロビー活動を北米に移してきた。戦いの場を北米にまで広げてきたのである。こちらでは日本のようにはいかない。彼らの主張は北米型の法の考え方に晒されるのである。

「河野談話」は親韓政権の「置き土産」と答える

それでは、「日本政府は『河野談話』を発表しているではないか」という反論にはどう答えればよいだろうか。私は、「当時の政権が『親韓政権』であったから」と答えるだけでよいと考えている。これを破棄しない政権もまた「親韓政権」であると答えればよい。国家間外交では法の精神を踏みにじったり、脱法的な行動を政府が取るのはよくあることだ。

先に、ハミルトン・フィッシュ議員のルーズベルト嫌いに触れたが、フィッシュがルーズベルトを嫌ったのは、法を踏みにじる行為が目に余ったからである。アメリカがまだ中立の立場であった時期にも、ルーズベルトはイギリス海軍との共同作戦を海軍に命じ、実質的な対ドイツ戦争を始めていた。米海軍駆逐艦グリア号が英国軍機と連携してドイツUボート（U652）を追い詰めた事件（一九四一年九月四日）がその典型だった。しかし行政府が法の精神を蔑《ないがし》ろにすれば、後に激しく非難されるのである。

「将来において、日本政府が親韓政策を変更するときには、『河野談話』は破棄されるでしょう」と答えておけばよいのだ。英米法の世界において、「河野談話」が存在するからといって、「クロスのない慰安婦証言」が証拠価値を持つことなどあり得ない。

報道によると、アメリカ政府は、日本政府の「河野談話」見直しに難色を示しているそうだ。その真偽は不明であるが、そんなことをアメリカから言われたとしても、私たちは「アメリカはクロスのなされていない証言に証拠価値を認めろというのですか」と反論すればよいだけである。「河野談話」のもとになった、いわゆる「慰安婦」証言の聞き取りの模様が非公開であることも大いに問題である。証言の模様が公開されていないことはその価値を二重に減殺させる。これほど重大な証言がビデオ録画されていないはずがない。それが非公開であれば、なおさらその証言に証拠価値などありはしない。

証言がビデオ録画されることは北米の法システムでは常識である。警察の尋問の様子ももちろん録画されている。裁判官も陪審員もその模様をビデオによって確認できる。そこで私はふと心配になる。慰安婦問題を聞く北米の人々は、当然のように自称「慰安婦」に対する聞き取り調査（反対尋問）はビデオ録画され、そしてそれは公開されていると思っているはずだ。その上で「河野談話」がなされていると思い込んでいる可能性が高いのではないかということだ。

アメリカは現在進行中のＴＰＰ交渉の中で、アメリカ型法規範をＴＰＰの仲裁調停の枠組みの根幹に据えようとしている。日本の法システムに対しても、証拠開示請求制度の導入を目論んでいる。この制度も反対尋問権が存在しなければ無意味な制度である。そんな中で、アメリカ型法システムの重要概念である反対尋問権を蔑ろにしてもいいから、「河野談話」を継承しろ、などとは言えはしまい。聞き取り調査のビデオさえも公開もされていない証言を信じるべきであるなどと強要できるはずもない。私はアメリカ政府がそのような圧力をかけることはないと推察する。アメリカはむしろ「クロスもない証言、ビデオ公開されてもいない証言をもとに日本政府は謝罪したのか」と驚き呆れるのではないか。

もちろん彼女たちが、その証言に証拠能力を持たせることはできる。堂々と「反対尋問」に答えればよい。そしてその模様を広く公開すればよい。そこで初めて、彼女たちの証言が証拠の一つとして採用される可能性が出てくるのである。

かりに北米の法システムのもとで、北米の敏腕弁護士が彼女たちを尋問したら、容赦のない質問が浴びせられるだろう。彼らは、「筆舌に尽くし難い苦痛を味わったことを理解するが……」などという枕詞は使わない。矛盾があれば徹底的に説明を求めてくる。「筆舌に尽くし難い侮辱」の中身を徹底的に聞く。

日本の政治家の中には「慰安婦問題」について、「学術的な研究が不十分である」などと緊張感の感じられない呑気な発言をする者もいるようだ。日本に住んでいる限り日本人はマジョリティーである。どれだけ無茶な糾弾を受けてもマジョリティーである現実は変わらない。のんびりとした発言も許されよう。しかし、北米に暮らす日本人はマイノリティーである。韓国系移民の数の方が多いのである。うかうかしてはいられないのだ。「日本人は民族として卑しい」というメッセージを発するロビー活動には断乎とした態度で反撃しなくてはならない。あの悪夢のような日本人排斥運動にもつながりかねない韓国のロビー活動をけっして許してはならない。「慰安婦証言」にはなんの証拠能力もないとはっきり主張してくれる政治家の出現を期待したい。

（「山本七平賞奨励賞受賞！　アメリカの『慰安婦』騒動を解決する決定的ロジック」『正論』二〇一四年一月）

注

＊1　Hamilton Fish, *FDR: The Other Side of The Coin*, Institute of Historical Review, 1976, pp144-145. ハミルトン・フィッシュ著　渡辺訳『ルーズベルトの開戦責任』草思社、二〇一四年、二二二頁。

＊2　同右、p143. 邦訳、二二九頁。

＊3　同右、p140. 邦訳、二二五頁。

＊4　Niall Ferguson, *The War of The World: History's Age of Hatred*, Allen Lane Penguin Group, 2006.

「歴史修正主義」と叫ぶレッテル貼り外交との戦い

日本外交は常にアメリカ外交の従属変数だった

いわゆる「慰安婦（戦時売春婦）問題」については、日本国民の多くがようやく理解を深めてきた。昨年（二〇一四年）、朝日新聞が、吉田清治が語った済州島における「慰安婦狩り」なるものが全くの虚構であることを認め謝罪した。多くの人は、何を今さら、とは感じたものの、吉田証言が創作であり、それを前提にした記事も過ちであると大新聞が公式に認めたことは重要だ。

多くの国民が朝日新聞の謝罪により、真実を探る作業に弾みがつくだろうと思ったに違いない。ところが、日本に対するいわれなき非難は一向に収まる気配を見せない。日本に謝罪と賠償を要求する韓国の態度は相変わらずである。

それだけではない。アメリカのメディア（とくにリベラルを標榜する新聞各紙）が日本政府（安倍政権）の検証の動きを強く牽制している。多くの日本人は、こうしたアメリカ・メディアの主張は不快であるだけでなく、不誠実だと感じている。なぜアメリカのメディアはそうした論調をとるのか、まるで理解できずに困惑する。アメリカは、けっして民主主義国家ではない中国や、言論の自由を抑圧し、反日〝告げ口〟外交を展開する韓国の肩をなぜ持つのか。日本はアメリカの東アジアにおける最も重要な同盟国であり、アメリカが世界に広げようとしている民主主義制度を実現した模範国家ではなかったか。アメリカは日本が嫌いなのか。日本人が不安になるのは当然である。

アメリカの日本に対する態度は、ときに優しく、ときに冷たく、また差別的でもあった。明治維新期には惜しみなく日本の近代化を支援し、日清・日露戦争でも日本外交を陰で支えた。ところが、日露戦争後はタフト政権が中国寄りの外交を見せ、日本を牽制する場面が増えた。第一次大戦が始まると、太平洋方面の安全保障に日本の軍事力が必要だったアメリカは一変して日本に優しさを見せた。しかし、ベルサイユ会議以降は日本の軍事力の充実と人種間平等の主張が気に障り、再び日本に冷たくなった。二十世紀初頭にアメリカ西海岸で始まった日本人排斥運動から、排日移民法（一九二四年）までのアメリカの態度は、明治期の「優しい」アメリカを知る者からすれば全く理解不能だった。

アメリカの日本に対する態度はアメリカ側の都合で大きくぶれる。その態度に困惑しながら揺れ動いた日本外交は、アメリカ外交の従属変数そのものだった。アメリカの「意地悪」は、戦前の日本の指導者を極度に不安にした。「意地悪なアメリカ」に石油供給の大半を頼っている現実があっただけに、現代日本人にはほとんど理解不能な恐怖感を戦前の政治家は感じていた。アメリカに過度に石油資源を依存する状況から脱したいと願う気持ちが、資源豊富な満州への進出の深層心理にあったことは否定できない。ただそこに石油がなかったことが日本の不幸であった。

アメリカを理解するためのキーワード：「歴史修正主義」

「慰安婦問題」における理不尽な韓国の主張に対するアメリカの加担は、日本国民の間にアメリカへの失望感を生む。その思いをアメリカにはっきりと伝える作業は重要である。漠然としたアメリカへの不信感が、制御不能な嫌米感情に悪変する前に、日本の感情を伝える努力を惜しんではならない。アメリカの態度を与件とする従属的な外交から脱皮しなくてはならない。ただ、そのための作業は単なる不快感の吐露ではなく、ロジカルな主張として「堂々と」したものであることが求められる。そしてその「ロジカルさ」は一般的アメリカ人の論理的な思考回路でも消化でき、かつ納得できるようなものでなければならない。

日本人の心情をアメリカに伝える作業は簡単ではない。長期戦を覚悟する必要がある。私は、その戦いの第一歩は、「歴史修正主義」とは何かについて、日本人自身がしっかりと把握しておくことだと考えている。この用語が、必ずと言っていいほど日本批判の道具となって使われているからである。

「慰安婦」問題についての安倍政権の態度を、アメリカ・メディアは批判していると書いたが、その見本のような記事が昨年末、ワシントン・ポスト紙（二〇一四年十二月八日付）に掲載された。この日は真珠湾攻撃の日（アメリカ時間では真珠湾攻撃の翌日）にあたっている。すなわちアメリカ世論へのサブリミナル効果（潜在意識への働きかけ）も狙っていることがわかる。

当該記事には「日本の歴史書き換えの悪癖はその未来に（悪）影響をもたらすか」の見出しが付

いていた。

日本は過去を忘れようと懸命だ。安倍晋三首相は、わかるものにはわかる言葉を使って、日本は先の大戦の犠牲者だと言い始めた。影響力ある保守系の新聞は、その意を受けて、日本が戦時中、性奴隷（sex slaves）を使っていた過去をなかったことにしようとしている。（中略）日本の（歴史を書き換えようとする）態度は、日本の犠牲になった国、特に中国と韓国を刺激し、不安にさせている。日本の歴史修正主義者たちは過去を書き換えようとしている。（隣国は）それがこれからの将来にどういう影響をもたらすかと不安げに見ている。（翻訳および傍点筆者）

多くの日本人にとっては首を傾げる内容だが、この論調がアメリカ言論界の主流である。執筆者は調査報道で名の知れたリチャード・コーヘンというベテランジャーナリストだ（一九四一年生）。調査報道が得意な彼に、「慰安婦問題」の真実を探ろうとする姿勢があれば、「慰安婦」と称する女性たちを「性奴隷」と表現することをためらう資料[*1]は容易に手に入る。たとえばビルマで捕虜になった「慰安婦」からの米軍による聞取調査報告書にでも目を通せば、少なくとも「性奴隷」などという言葉を使うことに躊躇いを感じなくてはおかしい。しかし当該記事にはそのような資料にあたった気配はない。このアメリカ人ジャーナリストには、真実を探ろうとする意志がない。

このような人物に対して、「慰安婦」なるものの実態を示す資料をどれほど丁寧に提示しても、閉じた目も耳も開かない。私は、現代日本（人）を貶《おとし》めるいわれなき中傷に反論するためには、アメリカのジャーナリズムがなぜそのような態度を取るのかをまず理解することから始めなくてはならないと考えている。

この小論では、「歴史修正主義」なるものが、いかなる生成過程を経てきたかを詳述する。「歴史修正主義」が紛れもないプロパガンダ用語であることを理解することが、効果的な反論を考えるための最初のステップになると考えるからである。それがわかれば、正攻法の歴史論争は、彼らを却《かえ》って頑なにする可能性があることがわかる。アメリカ側の事情を正確に理解することが、アメリカの偏向したジャーナリズムへの有効な反論につながるのである。

真珠湾攻撃までは「歴史修正主義」が主流であった

かつてアメリカには「モンロー主義」という外交方針があった。ヨーロッパ諸国をアメリカ大陸の政治に介入させない、同時にアメリカもヨーロッパの揉め事には干渉しない、と決めたジェームズ・モンロー（第五代大統領）の外交方針である。一八二三年に表明された彼の考えは、アメリカ建国の精神そのものだった。ジョージ・ワシントンもトーマス・ジェファーソンも「温和なる中立（benign neutrality）」こそが、アメリカのとるべき外交方針であるとしていた。これは「非干渉主義」と呼ばれ、それを主張する者たちは「ジェファーソニアン」と称ばれた。言ってみれば「非干渉主義」はアメリカの国是だったのである。

ワシントンに代表される建国の父たちの知恵が正しかったことを、アメリカ人自身が痛い目にあって思い知らされたのが第一次世界大戦への参戦だった。あの戦争の原因は現在の歴史家でさえ説明できていない。昨年（二〇一四年）はその大戦の始まりから百年目だったこともあり、北米の書店には第一次世界大戦を扱う書が溢れた。ところがどの書を見ても、あの戦争の原因ははっきりしない。オーストリア皇太子暗殺事件以降、何度も外交交渉で落としどころが見つけられる場面があった。それにもかかわらず、ヨーロッパ諸国はまるで「夢遊病者が歩くように」（クリストファー・クラーク）戦争を始めてしまったのである。*2

イギリスの参戦決定も最後まで迷走した。しかしウィンストン・チャーチルらの強硬派が対ドイツ戦争に舵を切らせた。イギリスは、「ドイツ帝国（ヴィルヘルム二世）の外交と軍拡は世界秩序を乱す」「ドイツ兵は、ベルギーでは赤子や幼児まで殺している」「ドイツ人はゴリラの如く野蛮である」などとするプロパガンダを使い、ドイツを徹底的に貶める宣伝戦を始めた。アメリカ世論を動かし、アメリカの参戦を訴えるためであった。

その結果、モンロー主義の伝統を破って英仏の側に立っての参戦を決めたのがウッドロー・ウィルソン大統領であった。その戦後処理（ベルサイユ会議）は国際主義者といわれるウィルソンの唱えた民族自決の精神がベースになったが、黒人も日本人も差別していた彼の訴えが、実効性のある戦後体制を作れるはずもなかった。戦争の責任をすべてドイツに押し付け、民族自決とは程遠い国境の線引きを決めた。ベルサイユ会議は次の大戦の種だけを播いて終わった。

ウィルソン大統領は、「欧州の平和を乱した責任はただドイツにある。巨額な賠償金を課し、その軍事力を削ぎ落とせばヨーロッパには平和が訪れる」と説明した。したがって、歴史家の解釈もそうならなくてはならなかった。しかしアメリカ国民はベルサイユ体制の不自然さにすぐに気付いた。早くもベルサイユ会議の翌年（一九二〇年）七月には、歴史家のシドニー・B・フェイが、あまりに安易にすべての責任をドイツに押し付けた、とウィルソン外交を批判した。彼の意見は専門誌『アメリカ歴史評論（*the American Historical Review*）』に発表された。一九二八年には、フェイはベルサイユ体制への批判をあらためて一冊の書『第一次大戦の起源』にまとめた。

「いま歴史家が手にすることのできる証拠に鑑みれば、先の大戦の責任はドイツ及びその同盟国にあり、とするベルサイユ条約で下された判決はごまかしである（unsound）。歴史の書き換えが必要となった（should be revised）。そうはいっても戦勝国に広がった（ドイツだけが悪者だという）公式解釈は簡単には変わらないだろう。まず学者が歴史を修正し、それが広範な世論にならなければならない」（傍点筆者）

フェイは、歴史を修正することに善悪の価値基準を介入させていない。間違った歴史解釈は正される必要があるという、歴史家の素直な考えを述べているに過ぎない。フェイの解釈は歴史専門家だけでなく、一般国民にも次第に浸透した。ドイツだけの責任ではなかった戦争にアメリカは英仏の側に立って参戦し、十一万以上の若者を死なせてしまった。その結果が不正義で不安定なベルサイユ体制である。建国の父たちが残した「ヨーロッパ問題に干渉するな」という戒めは正しかった。アメリカ国民の大半がそう考えるようになったのである。

ベルサイユ体制の不正義にドイツ国民は憤っていた。その憤懣がヒトラーの率いるナチス政権の成立につながった。ドイツが、ドイツ系人口が九〇パーセントを超える自由都市ダンツィヒの併合を求めてポーランドに宣戦布告したのは、一九三九年九月のことであった。フランクリン・ルーズベルト大統領は、ヨーロッパの戦いに参戦したかった。ウィンストン・チャーチル首相もそれを繰り返し懇請した。しかし、ルーズベルトは八〇パーセントを超える国内世論の反対で身動きがとれなくなっていた。アメリカ国民の大多数が、フェイやそれに続く歴史家の訴えた歴史修正を受け入れていたからである。誤った歴史解釈は、たとえそれが政府の公式説明だとしても、修正されることは当たり前の時代だった。

ところが、建国の父たちの戒めを再び破ってヨーロッパの紛争に介入した第二次世界大戦後の歴史解釈になると、歴史学会の様相が一変した。民主主義国家（連合国）対全体主義国家（枢軸国）の戦いである、というルーズベルト大統領の公式説明に疑いを持つことが、まるで犯罪であるかのような空気が出来上がったのである。フェイがウィルソン大統領の外交を自由に批判できたことが嘘のようだった。

もちろん第二次大戦後も、フェイと同じようにルーズベルト外交を批判する歴史家はすぐに現れた。その筆頭がジョン・フリンである。彼はその著書『ルーズベルト神話』[*3]（一九四八年）の中で、ルーズベルトの実施したニューディール政策の失敗を詳述し、その政策実行にあたっていた社会主義思想を持つ官僚群を批判した。

彼らが生み出した巨額な財政赤字。大統領府に権限を集中させ議会を軽視する全体主義的政治姿勢。政敵を葬り、その一方で自身を支える政治家や官僚を手なずける手口。親族のビジネスが有利になるよう大統領権限を行使したネポティズム。スターリンに手玉に取られた密約（ヤルタ会談）

で、東ヨーロッパをソビエトに「差し上げてしまった」取り返しのつかない外交的敗北。これは、ソビエトを民主主義国家陣営と勘違いしたことによる明らかな失敗だった。フリンはルーズベルトの愚かさを余すところなく暴いた。

フリンの主張が正しいらしいことは、現実の世界情勢を見れば誰にでもわかった。東ヨーロッパはたちまち共産化し、フリンの書の出た翌年には中国も共産化し、さらにその翌年、朝鮮半島では共産軍との戦いを実質アメリカ一国で戦わざるを得なくなった。建国の父たちの戒めは正しかった。そのようにアメリカの知識人も国民も再び反省して当然だったのである。ところがそうはならなかった。

「ヨーロッパ方面では、ヒトラーは外交交渉でその要求の多くが達成できたにもかかわらず、彼は気が触れたように戦争を始め、太平洋方面では、日本がアメリカを突然に攻撃した。我々は戦わざるを得なかったのだ」とする政府説明は、「完全に正しく、論争の余地なし」とされ、議論すら許されない空気ができてしまったのである。[*4]

政府解釈に疑義を呈する歴史家には、「歴史修正主義者」のレッテルが貼られた。政府が決めた歴史解釈以外認めないという態度は、それまでのアメリカには馴染みのないものであった。一九四五年以降、アメリカに異変が起こった。ルーズベルト外交を少しでも批判的に語れば、その研究は妨害された。政府資料の閲覧不許可、出版社への圧力、著者への誹謗中傷、出版された書は無視。[*5]学問の自由とは程遠い、独裁国家と見紛う状況が生まれたのだった。

アメリカらしからぬ空気の醸成には、主流に属する組織も一役買っている。ロックフェラー財団[*6]

もスローン財団も「歴史修正主義者」の研究にはけっして資金を出そうとしなかったし、アメリカ外交に現在でも強い影響力を持つ外交問題評議会（ＣＦＲ）も、ルーズベルト外交を批判的に解釈する「歴史修正」を拒否した。クリントン元大統領、コンドリーザ・ライス元国家安全保障問題担当補佐官、スーザン・ライス国連大使らは、みなＣＦＲの会員である。政治家だけでなく、リチャード・ブッシュ三世のような東アジア外交立案に関与する立場にいる研究者もメンバーである。ＣＦＲがいかに大きな影響力を持っている組織かよくわかる。

「ロックフェラー財団もＣＦＲも、政府のプロパガンダを含む歴史解釈が変更されることを望まなかった。歴史家の自由な意見の発表を嫌った。（中略）その結果、フランクリン・ルーズベルト大統領（ＦＤＲ）のとった外交方針や政策は批判的分析やネガティブな評価から免れることができた」のである。

アメリカの言論空間はなぜこうした状況に陥ってしまったのか。これを理解しておくことは重要である。アメリカの現代政治を動かす立場にある者の心理をわかっておかなくては、彼らとの対話は難しいからである。私は、そうなってしまったのはＦＤＲの外交政策があまりに愚かだったからである、と考えている。ヨーロッパの戦いへの不介入を公約としたＦＤＲは、「大統領任期は最長二期八年」の不文律を破って史上初の三選を果たした（一九四〇年）。彼はソビエトを友国として扱い、スターリンを徹底的に援助した。共産主義の世界拡散の防波堤となっていた二つの強力な国家ドイツと日本を破壊した。彼の外交は見事なほどに間違っていたのである。

ＦＤＲの外交政策の狙いは「世界の警察官」になることであった。米英中ソの四カ国で分割統治すれば世界に平和が訪れる。その途方もなくナイーブな外交政策の結果が、「孤独な世界の警察官」という惨めな現実であった。ドイツと日本の降伏は世界平和の実現に何の役にも立たなかった。アメリカは、共産主義勢力と対峙するために再び若者を戦場に送らなければならなくなった。そんな中で、「FDRは愚かだった。ヨーロッパ大陸の戦いも、太平洋方面の戦いも、アメリカが参戦さえしなければ局地戦で終わった戦いだった。三十万の戦死者と七十万の戦傷者を出したあの戦いは不要だった」と歴史家に批判されたら国が持たない。戦後アメリカは、そういう厳しい現実に晒されたのである。

次々と共産化する国々を見て、アメリカは怯えた。その怯えゆえに、FDR外交を疑わせる学問の自由を認めるわけにはいかなくなった。第二次世界大戦の起源を批判的に語る研究には「歴史修正主義」、その研究者には「歴史修正主義者」のレッテルを貼ることに決めた。歴史解釈に善悪の価値判断を導入し、FDR外交を批判することは悪と決めた。レッテルを貼ることで歴史解釈を極端に単純化させ、冷静な学問的批判までも封じ込めた。余裕を失ったアメリカの窮余の策が「歴史修正主義（者）」は悪と決めるレッテル貼りだったのである。このレッテル貼りを指導した者がいるとは思えない。おそらく時代の空気がそのような動きを後押ししたのだろう。

FDRはアメリカの非干渉主義の勢力を根こそぎといってよいほど破壊した。ジョージ・ワシントンらの建国の父が理想とした国家とは似ても似つかない国にアメリカは変貌した。いつ果てるともない東西冷戦の中で「歴史修正主義を許さない」ことがアメリカの「国是」になった。「極悪非道の」日独両国とはアメリカは戦う宿命にあったのだと信じなくてはならなくなった。歴史捏造が明らかな「南京大虐殺」も「性奴隷としての慰安婦」もその「国是」を補強する。冒頭に掲げたワシントン・ポスト紙の記事は、言ってみれば「国策」に沿っている主張なのである。したがって、「南京虐殺」や「慰安婦性奴隷」説への日本の反論はアメリカの「国是」への挑戦となる。だからこそアメリカは激しく反発するのである。

しかし誤った歴史をそのまま受け入れることはできない。そしてまた、アメリカがその「誤った国是」に固執することはアメリカ自身のためにもならない。東西冷戦は遠い過去のものになった。アメリカはこの「国是」にもはや固執する必要はない。日本はアメリカの自縄自縛からの解放を助ける重要な役割を担っている。そのようにポジティブに考えるべきなのだ。こうした歴史的背景を踏まえた上で、日本がいかなる主張を展開すべきかについて、次に私の考えを述べたい。

ソビエトへの無警戒がもたらした惨禍

ルーズベルト外交のあまりの愚かさで、「歴史修正」を許さない空気が生成された過程を詳述した。ルーズベルト外交を批判的に語らせないという「国是」がどれほど強力なプレッシャーとなったかを示すエピソードには事欠かない。

私は、ルーズベルトを激しく非難した彼の同時代の政敵ハミルトン・フィッシュ元下院議員の書『ルーズベルトの開戦責任』[*10]を昨年（二〇一四年）翻訳上梓したが、原書の出版は一九七六年であった。ルーズベルトの死（一九四五年四月）から三十年以上が経っていた。さらにハーバート・フーバー元大統領もルーズベルト外交を厳しく批判していたが、その考えを公にせず世を去った。彼のルーズベルト批判の草稿をまとめた『裏切られた自由（*Freedom Betrayed*）』が出版されたのは二〇一一年である。

二人の元有力政治家がなぜこれほどルーズベルト批判をためらったのか。それはわずか一国で共産主義の拡散に立ち向かわなければならなくなったからだった。先に書いたように、アメリカは再び若者を戦場に送らなければならなくなったのだ。

ルーズベルト外交はあまりにも共産主義に無知で、スターリンに手玉に取られてしまった。体力も精神力も極端に萎えたルーズベルトはスターリンと密約を結んでいた（ヤルタ会談）。東ヨーロッパでも極東でもソビエト勢力の拡張を容認していた。

大戦終了からわずか四年後には中国に共産党政権が生まれ、その翌年（一九五〇年）には朝鮮戦争が勃発した。アメリカの危機感がどれほどのものであったかは、この年に作成された国家安全保障会議（NSC National Security Council）の機密文書NSC68号を見れば明らかである。

「このままクレムリンの支配下に入る地域が増え続ければ、彼らとの戦いにおいて同盟を組む相手さえいなくなるだろう。この危急の時期にあって、我が国と我が国民は優勢にあるうちに立ち上がらなければならない。我が国が直面している危機は、我が国の存亡にかかわるだけではない。文明そのものの将来が危うくなっている。我々はいま、あれこれ考えている余裕はない。アメリカ政府と国民はいまこそ断乎とした態度で、運命的な、未曾有の決断を下さねばならない[*11]」

これが、ルーズベルト外交がもたらした厳しい現実であった。アメリカは朝鮮に再び若者を送らざるを得なくなった。いかなる国にあっても、戦場に兵士を送り出すには大義が必要だ。共産主義の恐怖を国民に語ることは、それほど難しい作業ではない。しかし問題は、その中心勢力であるソビエトを大戦時には連合国の一員として迎え、徹底的に支援したのはアメリカ自身であったという厳然たる事実だった。ソビエトを育て、共産主義拡散の防波堤になっていたドイツと日本を破壊したのが自国の大統領だった。日独両国よりもソビエトが危険だと主張する政治家はアメリカ国内にも少なくなかった。しかしルーズベルトはそうした声を圧殺し、スターリンを友人だと考えた。一九四八年八月にはルーズベルト大統領の側近アルジャー・ヒスに対する聴聞会（下院非米活動委員会）の模様がテレビ中継された。聴聞会の中継は史上初めてのことだった。ルーズベルト政権はソビエトのスパイに蚕食された見識なき政権だったのである。

共産主義について、とりわけルーズベルトはナイーブだった。共産主義思想の悪影響を懸念した前述のハミルトン・フィッシュ下院議員を議長とする共産主義者の工作活動調査委員会（フィッシュ委員会）は早くも一九三〇年に設置され、翌年には報告書を発表している。しかし、一九三三年にルーズベルトが大統領に就任すると、それまでの共和党政権が拒否していたソビエトを承認し、国交を樹立した。これ以後、警戒感は薄まってしまった。アメリカには共産主義の本質を真剣に学ぼうとする政治家や実業家は少なかった。戦後アイゼンハワー政権の国務長官となったジョン・フォスター・ダレスは日本でもよく知られている人物だが、彼が共産主義についてまともに学んだのは戦後（一九四八年頃）のことである。

「ジョンはスターリンの書いたエッセイや演説内容をまとめた『レーニン主義の問題』（*Problems*

of Lenisim）を読み込む作業に没頭した。ジョンはこの書を少なくとも六冊は所持していたらしい。職場のどこででも読めるようにするためである。そのすべてに鉛筆で書き込みがなされていた。その結果、初めて共産主義思想がいかに危険であるかを悟ったのである」[*12]（『ダレス兄弟』）

荒れ狂う共産主義への危機感は、ルーズベルト外交を批判する研究までをも否定させる強いベクトルとして働いた。ＣＦＲに代表される体制主流の組織が研究の封じ込めに加担し、歴史修正を許さない「国是」が形成された。戦後ＣＦＲ議長職にあったのはジョン・フォスター・ダレス国務長官の弟アレンであり、彼はその後ＣＩＡ長官となって兄とともにアメリカ外交を牛耳った人物だった。

現在、中韓両国が仕掛ける「南京虐殺」事件と「慰安婦（売春婦）」問題は、アメリカの「国是」を利用した外交戦争なのであり、中韓両国の主張とアメリカの主流派に属する政治家や外交専門家の信条に、完全にシンクロナイズしているのだ。

遠回りになってしまったが、日本はこの歴史戦争をどのように戦うべきなのか。長々とアメリカの歴史解釈の流れを語ったのは、そのことを考えずに、右の二つの歴史問題の虚構性を真正面に訴えても、アメリカの「国是」の前に簡単に撥ねつけられてしまうからである。ワシントン・ポスト紙の記事を見れば、そのことは言わずもがなである。

この問題を考える場合、重要となるのは、アメリカ自身にこの「国是」を変える意志があるのか否かを見極める視点である。そういう空気がアメリカ国内に醸成されていれば、日本の主張を聞く層も増えるだろう。まず聞く耳を持つ層への訴えから始めるという戦術もあり得る。

アメリカにとっても、このまま「国是」に拘泥すれば再び敵と味方を誤認するミスを起こしかねない。必要であれば歴史修正も厭わないという、第二次大戦前の良きアメリカに戻ることは、アメリカにとっても必要なことなのだ。その意味で日本の政治家も歴史家も「アメリカを変えてみせる」というくらいの覚悟が求められる。私はアメリカにはそのような新しい空気は生まれているし、「国是」の変更もあり得ると考えている。

九・一一テロ事件とティーパーティー運動は歴史修正主義を蘇生させるか

新たな空気を生むきっかけとなる事件があった。それは二〇〇一年に発生した九・一一テロ事件である。なぜ、アメリカを巻き込んだ日本と中韓との歴史戦争と九・一一事件とが関連するのかには説明が必要だ。

政府は何か隠しているのではないか、もしかしたら嘘までついているかもしれないと考える一般国民の数が、この事件をきっかけに飛躍的に増加した。二〇〇六年十月にニューヨーク・タイムズ紙とCNNによる世論調査が行われているが、八一パーセントが政府の公式説明、つまりイスラムテロ組織アルカイダによる犯行であるとの説明を信じていない。

下記のデータは、「ブッシュ政権は真実を語っていると思いますか、かなりの真実を語っているが何か隠していることがあると思いますか、あるいはほとんどが嘘だと思いますか」という質問に対する回答である。

真実を語っている　一六パーセント
何か隠している　五三パーセント
ほとんど嘘である　二八パーセント
よくわからない　三パーセント

日本人には想像もつかない数字かもしれない。

建築家のボランティア組織が結成され、ビルに突っ込んだ飛行機燃料の燃焼温度が低すぎて、貿易センタービルの骨格となる強固な鉄骨を溶かすことはできない、設計強度から考えても、二つのビルがあのように崩壊することは不可能だとして、ビル崩壊の真の理由を再度調査すべきだと訴えている。

また、飛行機の激突がなかった貿易センター第七ビルが同日の午後五時二十一分に崩壊したのだが、このビルは四十七階建てで、日本の京王プラザホテルに匹敵する大型建造物である。それにもかかわらずわずか六秒半で「火事だけが原因で」完全に粉々になって地上に崩れ落ちている。ブッシュ政権は九・一一調査委員会を立ち上げ、事件の調査報告書を発表しているが（二〇〇四年七月）、そこにはこの第七ビル崩壊についての記載がなかった。

他にも多くの「科学的視点からの」疑問が投げかけられているが、政府はだんまりを決め込んでいる。

ここで重要なのは、九・一一事件の謎を探ることではない。上記に書いたように、アメリカ国民の大多数が政府発表を信用していないという厳然たる事実が重要である。「政府が嘘をつくこともあるらしい、真実を隠すこともあるらしい」と考える国民は、すでにマジョリティーである。政府発表に疑念があれば自由に批判しても構わなかった時代があった。ルーズベルト大統領はアメリカの対独戦争参戦を拒否する世論に立ち往生したと書いた。思えば真珠湾攻撃前には、非干渉主義の世論は八〇パーセントを超えていた。九・一一事件で政府説明を信じない世論も八〇パーセントを超えた。これは、古き良き健全な歴史修正の伝統にアメリカが戻り始めたかもしれないことを示唆する。

さて、九・一一テロ事件そのものへの疑念だけではなく、この事件がアメリカをますます肥大化させたことに対する反発が起きていることにも注意する必要がある。テロへの対処という名目であれば大きな予算がつくようになった。「国家安全保障省」なる新組織まで設置された。九・一一テロ事件を受けて、アメリカはアフガニスタン、イラクに侵攻した。イラク侵攻の理由の一つは大量破壊兵器の保有だったが、それは存在しなかった（このことも政府発表を疑う世論形成に一役買っている）。

治安の崩壊したバグダードにアメリカは新大使館ビルディングを建設したが、建設費に八百億円（七億五千万ドル）を要した。有事の際には要塞として機能する大使館である。建設には産軍複合体のリーディング企業、ハリバートン社が関与した。この維持管理にも相当のコストがかかるが、それも同社の担当だ。ブッシュ政権の副大統領ディック・チェイニーは就任前、五年間にわたって同社ＣＥＯを務めていた。彼はその五年間で五十億円（四千四百万ドル）の収入を得ていた。[*13]

九・一一テロ事件以降に起きた数々の事件は、アメリカ国民の多くに、世界の警察官であることがいかに高くつくかを実感させた。単なる軍事費負担だけではなく、テロ対策の名目での捜査であれば、従来守られていた人権を尊重した司法手続きも蔑ろにできるようになった。アメリカの官僚組織はまさに焼け太ったのである。

大きな政府がますます大きくなったことへの反発が広がった。その反発は共和党支持者の中から、〝勝手連〟のようなスタイルで澎湃《ほうはい》と湧き上がってきたティーパーティー運動となった。それは二〇一〇年半ばにはもはや無視できない国民運動の様相を呈し、保守系のＦＯＸテレビは頻繁に彼らの活動を報じるようになった。ＡＢＣ、ＮＢＣ、ＣＢＣの三大ネットワークはいまだにティーパーティーの報道に消極的だが、すでに大きなうねりになっていることは間違いない。

ティーパーティー運動支持者に共通する主張は、「規律ある財政」「小さな政府」そして「規制の少ない市場再生」である。これは、フランクリン・ルーズベルト大統領以前の、つまり彼の実施したニューディール前のアメリカに戻すべきだという主張そのものなのである。この主張を歴史的視点から検証しようとすれば、ルーズベルトの実施した内政や外交の見直しは避けられない。私は、九・一一テロ事件以降の政府発表を信じない国民の増加と、ティーパーティー運動の活発化は、日本の歴史検証の動きにプラスに働く重要なファクターになると考えている。

こうした現状を踏まえた上で、日本の歴史検証の論争はどのようなロジックでなされなければならないかについて検討する。

歴史学の限界を理解した歴史論争の必要性

これまでの議論で、日本の「史実をベースにした歴史の見直し」にポジティブに働く空気がアメリカに芽生えていることは理解していただけたと思う。さてそれでは、いかなる方法で日本の主張を発信していくべきなのだろうか。

多くの読者には言わずもがなであるが、歴史家の叙述はあくまでも過去の記録や証言をもとにしての「確からしい記述」でしかない。一次資料であるとされる日記にも後で誰かに読まれることを想定した悪意の記述もある。現場にいた人物でさえ思い違いもあるし、利害関係があれば敢えて嘘を語ることもある。したがって、歴史家は、できるだけ多くの資料を検討しながら、そこから浮かび上がった「正しさらしさ」に基づいて叙述するしかない。法律用語を援用するなら、「証拠の比較衡量」基準（証拠の優越基準）（Preponderance of Evidence）に沿って、過去の事件を描写するということである。相反する記録などを丹念に読み解き、その上で自ら信ずる歴史解釈を提示する。歴史家にできるのはこの作業だけである。

それでは、日本を貶めるために利用されている二つの大きな事件（「南京大虐殺」「性奴隷としての慰安婦」問題）は、いったいどのような記述がなされているのだろうか。

後者の慰安婦についてはすでにワシントン・ポストの記事を紹介した。一方の「南京大虐殺」事件については、イギリスの歴史家ニーアル・ファーガソン（一九六四年生れ）の『世界の戦争』[*14]（二〇〇六年）が参考になる。ファーガソンは二〇〇四年にタイム誌が世界で最も影響力のある百人に選んだ歴史家である。同書には「強姦」とタイトルされた節があり、五頁半（四七五―八〇頁）にわたって日本軍による凄惨な強姦の悪行が描写され、およそ五週間半で二十六万人の民間人が殺されたと書いている（四七七頁）。また南京攻略戦の過程で報じられた「百人斬り競争」が事実として語られている。

ファーガソンに常識があれば、一日当たり六千五百人も殺した後、死体はどうしたのか、なぜ虐殺が始まっても二十数万の市民は先を争って逃げなかったのか、写真は残っているのか、などの疑問が湧くはずである。しかし彼がそのような作業をした形跡はない。この書の副題は「憎悪の世紀」（*History's Age of Hatred*）であり、このテーマを補強するには格好の「残虐事件」だったからである。

南京事件についての歴史家の描写の例をもうひとつ挙げる。中国人作家ユン・チアンの毛沢東の伝記（二〇〇五年）にある一節である。[*15]

「南京でとんでもない虐殺があった。民間人、捕虜併せて三十万人が日本軍により殺されたと推定されている。毛（沢東）はこの事件についてその時点でもその後も何も語っていない」

チアンのこの書は毛沢東の非道ぶりがテーマであり、「日中戦争最大の悲劇であった事件」に毛沢東が何の感情も示さないこと、つまり彼の冷酷さを描くために「南京大虐殺」を取り上げたのである。「三十万人虐殺」は彼女にとってはアプリオリな歴史的事件である。二カ月足らずで三十万を殺すことがあり得るのか、もしそんなことがあれば動機は何か。なぜ南京だけでそんな事件が起きたのか、などという疑問は浮かばないらしい。私は、歴史家は過去の事件や人物を断罪する場合には十分に慎重でなくてはならないと考えている。自説を補強するために都合のよい事件を無批判に使う手法を取らないよう戒めながら執筆している。

歴史描写は先に書いたように「証拠の比較衡量」の作業であるだけに、歴史の裁判官にも相当する歴史家が、証拠の存在を知らなかった、あるいは知っていても無視してしまえば、都合のよい証拠だけで歴史的事件や人物を断罪することは容易である。残念ながらこれが歴史学の限界なのである。

プロパガンダとしての歴史記述も歴史学の限界として避けられないと納得してしまうことは、敗北主義として非難されるかもしれない。しかし、繰り返しになるが、歴史記述があくまで「証拠の比較衡量」であり、歴史家自身が裁判官であるという歴史学の本質がある以上、何ともしようがないのである。「南京事件」も「慰安婦問題」も、日本を貶めることに何らかの利益を感じる勢力によるプロパガンダによって真実が大きくねじまげられていると考える歴史家にとっては、比較衡量の材料となる新たな証拠を提示したり、根拠となっている証拠に対して疑義を提示していく作業を地道に続けていく以外に方法はない。

三十万人という数字は一日に八千人近い民間人や捕虜の殺戮に相当する。これだけの数の人間を殺し、死体を処理することが可能か。ましてや少なくない西洋人カメラマンの目を盗んでそれを実行しなくてはならない。その上、これだけの大量殺戮を見ても逃げ出そうとしない民間人などいるのか。こうした疑問を提示すれば、常識ある人間ならその虚構性はすぐにわかる。南京事件に詳しい東中野修道教授らによる南京事件の証拠写真の分析（『南京事件　証拠写真を検証する』草思社）

で、証拠とされる写真そのものにも捏造があることがすでに論証されている。こうした研究成果を発信する作業も重要だ。

先に紹介したニーアル・ファーガソンの書には出典が示されているが、そのうちの一つは日本軍兵士だった東史郎（Azuma Shiro）という人物の証言である（『世界の戦争』四七九頁）。

「支那人の女は下着をつけていない。ズボンのようなものを紐で結んで留めているだけだ。我々は紐をほどき、彼女たちの下腹部を見た。その後、やってしまえと次々に強姦した。強姦した女は必ず刺し殺した。死体は何もしゃべらない」

ファーガソンが引用した証言の主である東史郎は、中国からの帰還兵で組織した中国帰還者連絡会（中帰連）の幹部である。中帰連は中国政府のプロパガンダ組織の性格が濃厚な団体であり、東の証言本が捏造であることは、彼が名誉毀損裁判で敗れていることからも明らかだ。ファーガソンの書には、東史郎なる人物にいかなる思想的背景があるか示していない。ファーガソンはその名声とは裏腹に、南京事件について真摯に研究した形跡がない。ここでも、戦争は悲惨なものだという主張を補強するために資料のつまみ食いをしていることが知れる。それでも、日本の研究者が「東史郎なる人物は善意の証言者ではなさそうだ」という疑問を提示することには大きな意味がある。

活字の世界から現実の行動に移す場合には、「合理的な疑いのない証明基準」を満たすことが要求される

ここまでの記述で明らかなように、歴史学の基本は「証拠の比較衡量」による記述である。ファーガソンのような歴史家と論争するためには、彼の解釈に疑義を生む証拠を提示したり、論拠となっている証拠や証言の不自然さを指摘していく以外にない。

しかしファーガソンの描くような歴史観で実際の行動に移すとなると、そうはいかない。つまり、大虐殺記念館や「慰安婦」像なるものを作ったり、日本に謝罪や賠償を求める場合には「証拠の比較衡量」基準では不十分だ。より厳しい基準である「合理的な疑いのない証明基準」を満たすことが必要なのである。

法律学ではこの二つの基準の存在は基礎知識に属する。「証拠の比較衡量基準」は民事事件に、「合理的な疑いのない証明基準」は刑事事件に用いられる原則である。要は、事が重大な場合には、一つでも合理的な説明がつかない疑問があれば推定無罪だと考えるという法理論である。これは人間がこれまで積み上げてきた英知なのである。日本では歴史論争の場合にこのような基準を念頭にして議論することはほとんどない。しかしアメリカではこのような基準の存在は一般人もよく知っていて、歴史論争にも援用される。

フランクリン・ルーズベルト大統領は参戦に反対する八〇パーセントの国民世論の前に身動きがとれなかった。そのため、日本を刺激することで真珠湾攻撃を仕掛けさせ、いわば〝裏口〟から米国の参戦を実現させたとする歴史家も多い。こうした考えを「陰謀論」として否定し、そのような主張をする学者を「歴史修正主義者」と罵り、軽蔑するアメリカ歴史学会の主流に属する人々が、「合理的な疑いのない証明基準」を使っているのである。

陰謀論者と言われる歴史学者の提示する証拠は極めて多く、確からしさも秘めている。証拠の提示という観点からすれば、実は「陰謀論者」と貶められている歴史家のほうに軍配が上がりそうなのである。先に述べたように、フランクリン・ルーズベルト大統領の外交政策に対する見直しの機運も出ているだけに、いわゆる主流派に属する歴史家はいま劣勢に陥っている。彼らが拠り所にするのが「合理的な疑いのない証明基準」なのである（この論文では詳細に立ち入らないが、その内容については『アメリカはいかにして日本を追い詰めたか』の解説の中で述べた）。

主流派の言い分は、「日本がどれほどルーズベルト政権の経済制裁で苦しんでも、真珠湾を攻撃する必然性はない。石油が欲しいのであれば蘭印だけ攻撃すればよかった」「日本が真珠湾を攻撃しても、ルーズベルトにできることは対日戦争だけであり、本当の狙いと言われている対独戦争はできなかった。それができたのは、あくまでヒトラーが対米宣戦布告したからである」という二つの点に収束してきた。つまり、もはや「証拠の比較衡量基準」に立てば、歴史修正主義の歴史解釈のほうが確からしくなっている。そこで主流派は、新たな証拠の提示や歴史修正派の出した証拠への反論ではなく、「（現在のところ）合理的な説明がつかない疑問」（上記の二つの点）の提示に移行し修正派に対抗しているのである。

このようにアメリカ歴史学の主流派は「合理的な疑いのない証明基準」を当然のように利用する。なぜこれを利用するのかと言えば、アメリカ大統領が真珠湾を無防備で攻撃させて自国の兵士を見殺しにしたのではないかという主張が極めてシリアスであるからだ。事が重大であるからこそ、当然になされるべき判断基準の変更なのである、上記に挙げた二つの合理的疑問に明確な答えが出るまでは、ルーズベルトは〝裏口〟から対ドイツ戦争を仕掛けたという糾弾には推定無罪なのである。

南京事件も「慰安婦問題」も極めてシリアスな問題である。シリアスであるだけに、この問題の解釈と判断には「合理的な疑いのない証明基準」を用いるべきであるとアメリカの歴史家やジャーナリストに訴えるのは当然のことであり、彼らはそれに同意せざるを得ない。ここが極めて重要である。アメリカ側にどれほど確からしい証拠を提示しても、「証拠の比較衡量」基準で判断されれば、先に示したファーガソンやチアンのような結論になってしまうからである。したがって、歴史プロパガンダ戦争の基本は「シリアスな弾劾については『証拠の比較衡量』基準ではなく、『合理的な疑いのない証明』基準を適用すべきだ」というところから出発しなくてはならないのである。

注目されるべき米国駐在武官報告

現在の歴史プロパガンダ戦争の情勢は日本の劣勢であることは間違いない。「慰安婦問題」についての日本国内の論争では、吉田清治の証言が虚偽であることが明らかになってきたことから、「慰安婦」なるものが実は「キャンプフォロワー」と呼ばれる戦時売春婦であり、けっして性奴隷などではないことがはっきりしてきた。しかし、「南京事件」については、日本は無防備すぎた。先に紹介したように欧米の著名な歴史家もそれが確立された事実のように書いている。厳しい現実ではあるが、南京で二十六万人から三十万人の虐殺があったと主張するには「合理的な疑いのない証明」基準が適用されるべきだとの主張を通すことができれば、その虚構性を訴えることはそれほど難しいことではない。

いま、日本と米国の離反を狙う勢力は、第三のターゲットに、日清戦争における、いわゆる「旅順虐殺事件」を取り上げようとしている。この事件は、誇張や捏造によって新聞の売上げを増やそうとした十九世紀末のイエロージャーナリズムの尖兵であったジャーナリスト、ジェームズ・クリールマンの報道によって創作されたものだった。日本軍の旅順攻撃は一八九四年十一月二十一日に実施された。頑強な抵抗が予想されたが、戦闘は一日で終わり、旅順は陥落した。クリールマンはこの戦闘終了後の二十二日、二十三日に民間人に対する虐殺があったと報じた（ニューヨーク・ジャーナル紙、一八九四年十二月十一日付）。

この報道でアメリカの日本への態度が硬化した。日本との間で調印したばかりの日米通商航海条約を批准するかどうかの議論が上院でされていた時期である。領事裁判権と関税自主権に関わる、いわゆる不平等条約を是正する重要な条約だった。クリールマン報道が真実であれば、この条約を破棄すべきだと憤る議員もいた。国務省は事件の調査を駐日公使エドウィン・ダンに命じた。事件はなかったとする報告書が本省に提出された結果、日米通商航海条約は批准されたのである（一八九五年二月）。

私は、ダン公使がグレシャム国務長官に宛てた報告書を入手した。同書に添付された駐在武官（マイケル・J・オブライエン陸軍大尉）報告書を全訳し、昨年（二〇一四年）末に上梓した拙著『朝鮮開国と日清戦争』に紹介した。オブライエン大尉は戦闘が終わった二十二日、二十三日現地にいた。彼は民間人に対する虐殺行為は一切なかったと断言しているのである。アメリカ上院はこの報告書をベースにして条約を批准した。

さて、それでは「南京事件」については駐在武官の報告書は存在するのだろうか。実は存在するのである。ただ、オブライエン報告書のように事件当日に現場に居た駐在武官の報告ではない。南京で何らかの事件があったらしいと聞いた駐日大使館付駐在武官が南京を訪れた際の報告書である。次ページにその表紙部分を載せた。その重要部分を読者に伝えて本稿を終えることにしたい。

この報告書は、当時の駐日大使ジョセフ・グルーから国務省極東部長であったスタンリー・ホーンベックに宛てた極秘（STRICTLY CONFIDENTIAL）文書（一九三八年五月十六日）に添付されたものである。それは、東京駐米大使館付武官キャボット・コーヴィル（Cabot Coville）による個人的備忘録で、報告書の体裁ではない。グルー大使はコーヴィルの見聞を、「偏見なしで読んでいただきたい」とホーンベック部長に書いているだけに、報告書の体裁にするような二次加工はしないほうがよいと判断したと思

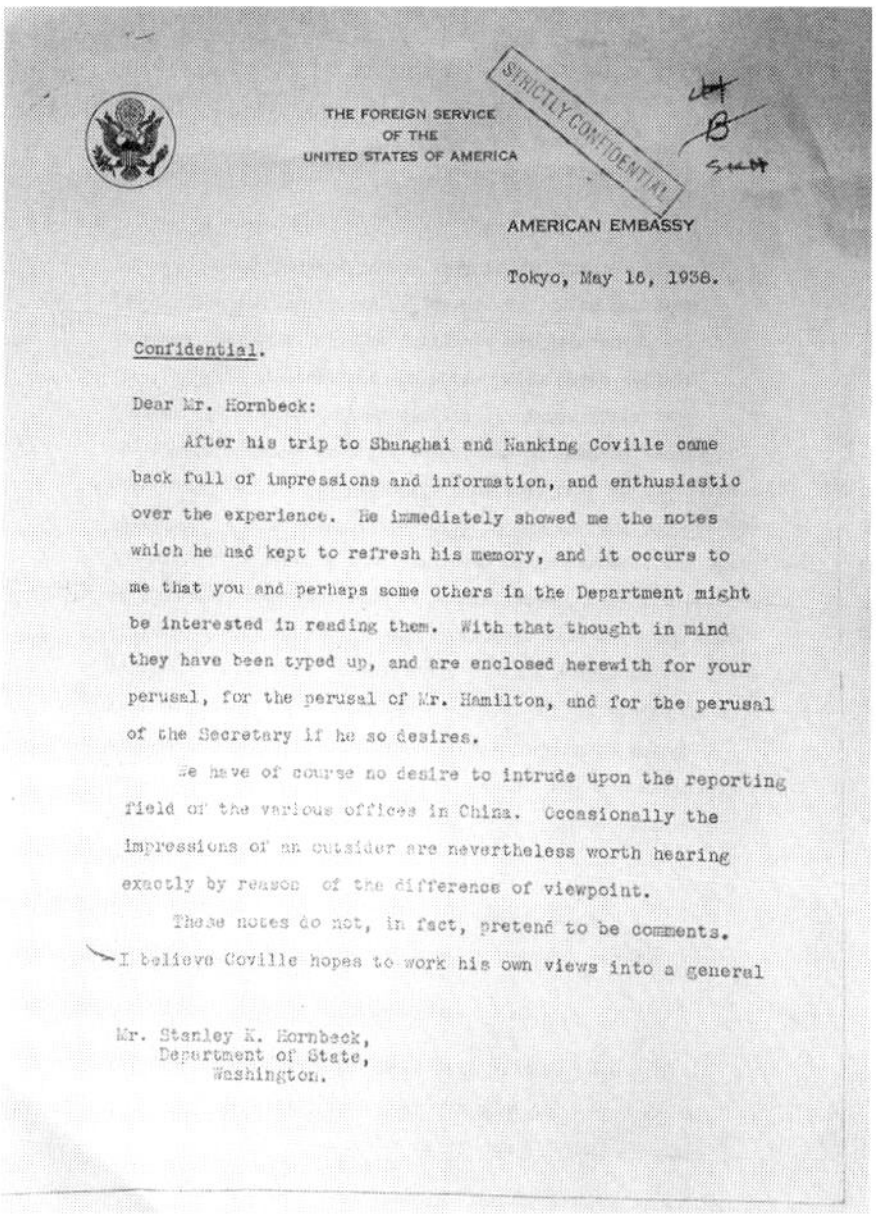

STRICTLY CONFIDENTIAL

THE FOREIGN SERVICE
OF THE
UNITED STATES OF AMERICA

AMERICAN EMBASSY

Tokyo, May 16, 1938.

Confidential.

Dear Mr. Hornbeck:

After his trip to Shanghai and Nanking Coville came back full of impressions and information, and enthusiastic over the experience. He immediately showed me the notes which he had kept to refresh his memory, and it occurs to me that you and perhaps some others in the Department might be interested in reading them. With that thought in mind they have been typed up, and are enclosed herewith for your perusal, for the perusal of Mr. Hamilton, and for the perusal of the Secretary if he so desires.

We have of course no desire to intrude upon the reporting field of the various offices in China. Occasionally the impressions of an outsider are nevertheless worth hearing exactly by reason of the difference of viewpoint.

These notes do not, in fact, pretend to be comments. I believe Coville hopes to work his own views into a general

Mr. Stanley K. Hornbeck,
Department of State,
Washington.

駐日大使ジョセフ・グルーの国務省極東部長スタンリー・ホーンベック宛報告書（1938年5月16日付。Hoover Institution）

われる。

コーヴィル武官の出張期間は四月十六日から五月五日となっていて、四月二十日に上海から揚子江を英国砲艦「ビー」で遡行し、南京に向かった。南京には翌々日の二十二日に到着した。

伝聞と偏見ばかりの報告書

コーヴィル武官は三日間にわたって南京市内を視察した。この短い見聞で日本軍が略奪強姦の限りを尽くしたと書いている。したがって、この報告書は一見すれば、「南京大虐殺」があったことを示す重要な証拠になりそうである。しかし、「合理的な疑いのない証明基準」を適用すれば全く証拠価値がないだけでなく、「虐殺事件」もなかったのではないかと思わせる報告書になる。

まずコーヴィル武官の報告は、ほぼすべてが伝聞証言に基づいている。たとえば、四月二十五日のメモは次のようなものである（二六頁）。

「（大使館員の）アリソン君によれば、十二月十二日以来、南京にやって来たアメリカ人の総数は私を含め三十四人である。西洋人全体ということなら、およそ五十人である。この数字には（揚子江に碇泊する）米英の砲艦の士官も含まれる」

「日本兵の略奪と強姦は数週間続いた。アリソン君は一月六日午前十一時に南京に戻り、大使館を再開したが、そのころが最も（暴虐行為が）激しかった。その後次第にそうした行為は減っていった。二月十一日は日本の祝日で、松井（石根）将軍による兵士への訓話があった。この後（暴虐行為は）ほとんどなくなった」

ナイーブな歴史家であれば、このような描写をそのまま信用するだろうが、実はこれはすべて大使館員アリソンからの伝聞証言なのである。シリアスな事件を裁く場合の「合理的な疑いのない証明基準」に照らせば、伝聞証言は証拠価値がない。コーヴィル武官は伝聞であることの弱さを知っていたらしい。「（アリソン君の）この証言は実に説得力があり、議論の余地はなさそうだ」とわざわざ書いている。コーヴィル武官がどのように感じようが、伝聞には証拠価値はない。

つまりコーヴィル武官が四月二十二日に南京に現実に入っているにもかかわらず、伝聞証拠しか得られなかったことが重要なのである。南京には戦闘員や戦闘に巻き込まれた民間人の死体が多かったことは事実である。一九三八年二月末までに、およそ五千体が埋葬処理された。紅卍字会（赤十字社に準ずる組織）は、三月から一日あたり六百体を埋葬している。揚子江沿岸にあった死体は川に流し水葬にした[*16]。揚子江を遡行して南京に入ったコーヴィル武官は、埋葬作業も、水葬の現場も、流れているはずの大量の死体も見ていない。つまり死体処理の作業は終了していたことが、コーヴィル武官メモで確認できる。

そうなると、おかしなことになる。三月初めから四月二十二日の間に埋葬できる遺体数の合計は六百体×五十三日で三万千八百体であり（四月二十二日よりもっと前に処理が終了していれば、この数はもっと少なくなるだろう）、これに二月末までに埋葬された数五千体を加えても四万体に届かない。二十六万人から三十万人が虐殺されたと主張する歴史家は、二十万以上の死体の処理を説明できない。（おそらく彼らには物理的に死体を処理する作業がどれほど困難かについて、思いを巡らすことができないのだろう。）

日本兵による強姦についても伝聞による興味深い描写がある（二九頁）。

「ドイツ人やアメリカ人が日本兵の強姦の現場を見て、兵士を女から引き離したこともあった。中国兵による強姦も多かったらしい。しかし女たちは同族の男たちを日本兵よりは嫌っていなかった」（傍点筆者）

同族による強姦なら許せるのだろうか。このことだけでも伝聞証言がいかに証拠価値が低いかわかる。またこのような伝聞を平気で書けることから、コーヴィル武官は日本に対して強い偏見を持っていることがわかる。そのような人物でさえ、伝聞ではあるが、中国兵が自国民を強姦したと書いていることが意味を持ってくるのである。

結論

長々と書いてきたが、歴史戦争についての考えをまとめたい。歴史学者はあくまでその良心に従って正しいらしいと信じたことを書いているに過ぎない。つまり歴史学の記述のベースになるのは「証拠の比較衡量」基準なのである。それが歴史学の限界である。それだけに、衡量する裁判官（歴史家）によって解釈が違ってきても致し方がない。私は、南京で二十六万人あるいは三十万人の虐殺があったと主張する歴史家を軽蔑はするが、彼らの著作物を止めることはできない。本稿のような反論に触れることによって、読者自身が判断するしかないと考えている。

しかし、日本に対して謝罪や賠償を求めたり、あるいは記念館と称する建造物まで作ったりする行為に対しては、日本政府は中国や韓国に対して「合理的な疑いのない証明」基準を満たすことを要求すべきなのである。中国、韓国国民は聞く耳を持たないだろうが、少なくともアメリカの一般国民には、たとえば「二十万人以上の死体がどのように処理されたかについて合理的な説明がつかない以上、南京での虐殺事件はなかったと見なす」と日本が主張すれば、そのロジックを理解できるのだ。アメリカの歴史家がルーズベルトの陰謀論を否定するロジックを南京事件に応用すれば足りるのである。

（「歴史論争に備えよ　南京・慰安婦論争　本当の敵はアメリカだ」『文藝春秋SPECIAL』文藝春秋、二〇一五年春号に加筆）

注

＊1　United States Office of War Information, Report No. 49.

＊2　Christopher Clark, *Sleepwalker*, Allen Clark, 2013.

＊3　John Flynn, *the Roosevelt Myth*, Fox & Wilkes, 1948.

＊4　*Revisionism and the Historical Blackout*, Mises Institute, February 17, 2010. http://mises.org/library/revisionism-and-historical-blackout

＊5　ジェフリー・レコード著　渡辺訳『アメリカはいかにして日本を追い詰めたか』草思社、二〇一三年、一三一―一三二頁。

＊6　the Rockefeller Foundation.

＊7　the Alfred P. Sloan Foundation.

＊8　*Revisionism and the Historical Blackout.*

＊9　同右。

＊10　原題 *FDR: The Other Side of Coin.*

＊11　Stephen Kinzer, *The Brothers: John Foster Dulles, Allen Dulles, and Their Secret World War*, Times Books, 2013, pp96–97. スティーブン・キンザー著　渡辺訳『ダレス兄弟』草思社、二〇一五年、一七四頁。

＊12　同右、p83. 邦訳、一五〇頁。

＊13　Tom Turnipseed, *Dick Cheney: War Profiteer*, Common Dreams, November 17, 2007.

＊14　*The War of the World*, Penguin Press. 邦題は『憎悪の世紀』。仙名紀訳、早川書房、二〇〇七年。

＊15　Jung Chang, *The Unknown Story MAO*, Knopf, 2005, p207. 邦訳『マオ　誰も知らなかった毛沢東』土屋京子訳、講談社、二〇〇五年。

＊16　東中野修道『南京事件　国民党極秘文書から読み解く』草思社、二〇〇六年、一八六―八七頁。

TPP 真の狙いは中国と知財保護

「TPP交渉は、中国をメンバーにしない通商交渉で、我が国歴史上でも最大級のインパクトのある通商交渉である。この交渉は通常の関税引下げだけに焦点を当てるものではなく、パテントや版権等の知的財産権（知財）の保護、政府の支援を受ける企業（SOE）との（フェアな）取引ルールの設定などを目標にしている。今回の交渉では政府所有の企業問題については相当な進展があった」（バーバラ・ウィーゼル米国通商代表部アジア太平洋地域担当の発言。二〇一四年九月十日、ブルームバーグ）

これが二〇一四年九月一日から十日のハノイ交渉を終えたアメリカのTPP交渉担当者の言葉であり、本稿執筆時の最新のコメントである。実質秘密交渉であるため、具体的な進捗状況は不明だが、この短いコメントにTPPの本質が見え隠れする。

まず中国をメンバーにしていないことに注目したい。アメリカは自国の雇用創出に最も貢献している国内産業は知的財産権高度集積産業であると考えている。ここにはコンピュータ（情報）ソフトウェア、セミコンダクター（半導体）、医薬品、映画・音楽、航空機、遺伝子工学、エネルギーなどの、時代の先端を行く産業が目白押しである。このような産業がアメリカの現在の輸出を支え、将来の雇用拡大のキーとなることは明らかだ。

しかし中国は他国の知的財産権を尊重しない。アメリカは、知的財産権侵害国のリストを毎年発表（スペシャル301条報告）するが、二〇一四年度報告でも中国が最悪の侵害国だ。中国は、外国企業にノウハウの開示や、中国企業へのライセンス供与を強制し、徹底的な自国企業優先策をとっている。企業スパイによる知的財産権の不法入手も後を絶たず、その状況も同報告に詳しい。アメリカは中国との直接交渉で問題解決を図ろうとしているが、一向に改善しない。中国の知財侵害によるアメリカの損害は日本円換算で四兆円を超えると推定されている。

アメリカは中国との二国間交渉を進めながら、TPP交渉の中で「フェア」な知的財産保護の標準ルールを構築すると決めた。将来中国もTPPに加盟せざるを得ないと踏んでいるからだ。TPP参加十二カ国が納得できるルールを設定した上で、中国に参加を促すという順序になる。参加はルールの厳守が条件だ。TPPには、世界の貿易ルールを混乱させている中国をからめ手からコントロールしようとする思惑がある。

知財権は一定期間、権利保持者の独占使用を認めるものであるだけに、参加国の司法制度が十分に機能しなくてはならない。アメリカはこのルールに可能な限りアメリカ型法制度を採用させたい。アメリカでは証拠開示請求制度と懲罰的罰金制度が知財権利者を保護している。前者は関係者にすべての資料（製造・売り上げ記録、開発記録、メール履歴など）を強制的に開示させられる制度であり、後者は悪意を持った侵害に対して売上高の三倍までの懲罰的ペナルティを科せる制度である。アメリカの知財関係者は、TPP交渉を通じて、参加国の法制度をできるだけアメリカの現行制度に近づけたいと明言している。ＴＰＰ交渉で、参加各国の法制度がどう影響を受けるか注視したい。

映画、音楽、出版に関わる版権侵害についても、中国は最大の侵害国であるが、ベトナム、ブルネイもひけをとらない。知財侵害は権利保持者の個別努力ではどうにもならないほど悪質になっている。アメリカは、知財侵害行為に対してＴＰＰ参加国に行政府の積極的関与を期待している。特許侵害などは知財侵害の認定が難しいが、それを行政府に任せたいと考えている。それだけに各国は慎重である。技術的に難しいだけに、ハノイでの交渉では進捗がなかったらしいが、知財保護の法制度と行政の運用において、どのようなＴＰＰ標準が出来上がるのか目が離せない。

ＴＰＰ交渉では政府調達市場のあり方も重要なテーマだ。中国での政府調達資材・サービスの市場規模はおよそ百八十ビリオンドル（十八兆円）であり、この数字には政府系企業の調達額は含まれない。中国は、この市場で徹底的に国内企業を優先して、調達ルールに透明性がない。知財集積商品の調達においても、中国企業に有利となる政策（Indigenous Innovation Policy）を強制している。アメリカは、ＴＰＰ参加国の政府調達におけるルールの透明化、内外無差別化を狙い、アメリカ企業がこの市場で不利にならないよう目論んでいる。中国はＴＰＰにおける政府調達ルールがいかなるものになるか注視している。将来、自国にもそうしたルールを適用せざるを得ない日が来るからである。

企業が協定加盟国の政策の変更や新しい規制の導入で経済的損害を被った場合に救済を求めるルールも協議されている。いわゆるＩＳＤＳ条項である。この規定はＮＡＦＴＡ（北米自由貿易協定）にも日中韓投資協定にもあり、ＴＰＰ交渉に特有なものではない。外国企業が、巨額な投資後に、環境基準や土地利用制限が変更されたり、約束されていた道路建設や電力供給などのインフラ整備が政府によってなされなかったりすれば大きな損失が発生する。こうした事例は中国で頻発している（例：王子製紙江蘇省南通排水基準値問題）。ＩＳＤＳのＴＰＰ標準は、将来の中国参加を睨んだものになるだけに、中国の横暴を制御できるメカニズムになるのかがキーである。救済ルール（ＩＳＤＳ条項）は投資を活発化するためには不可欠だ。アメリカは必ずしも外国企業にフェアとは言えない。ＩＳＤＳ条項で、ＴＰＰ加盟国はアメリカにも物言うことが可能になるだけに重要である。

ＩＳＤＳ条項に基づく紛争解決は仲裁裁定となる。その運用ルールがどのようなものになるかは興味深い。気になるのが仲裁人の選定ルールだ。仲裁人は一般の裁判であれば裁判長であり、人選は可能な限りフェアでなくてはならない。ＮＡＦＴＡでは、その選定がアメリカに有利だった。その結果、カナダ、メキシコは苦しんだ。両国の苦い経験が生かされ、よりフェアな仲裁裁定システムが出来上がることを期待したい。

（『文藝春秋オピニオン　２０１５年の論点１００』文藝春秋、二〇一五年）

ＴＰＰ「自由貿易至上主義」は誤解（『正論』インタビュー）

米の目的は「知財権」「中国の抑え込み」

――衆院選で自民党が再び政権を握り、安倍晋三内閣が発足したことで、ＴＰＰ（環太平洋戦略的経済連携協定）交渉への参加をめぐる議論が再び活発化しています。渡辺さんは昨年二月発刊の『ＴＰＰ　知財戦争の始まり』（草思社）で、「ＴＰＰの成立を目指すアメリカの本当の狙いは、知財侵害大国、中国の抑え込みである」と分析し、安全保障でも経済でも中国の脅威にさらされる日本もＴＰＰ交渉に参加すべきであると訴えられています。沖縄・尖閣諸島をめぐって一年前とは比較にならないほど中国の脅威が高まってきたいま、改めて注目されるべきご論考だと思います。この分析の根拠から聞かせていただけますか

渡辺　まず、日本ではＴＰＰとは、「聖域なき関税撤廃」というキーワードが示すように、自由貿易至上主義的な協定だと理解されていますが、そこには誤解が含まれているということから知っていただきたいと思います。オバマ大統領が二〇〇九年十一月にＴＰＰ交渉への参加を表明したとき、交渉にあたるＵＳＴＲ（アメリカ通商代表部）が公式声明を発表しています。そこでＴＰＰを

実現させる目的として挙げられているのは、アジア太平洋地域への輸出の増大と、輸出の増大による雇用の促進です。USTRは自由貿易体制を構築することなど、まったく触れていません。

アメリカ政府の狙いは世界に自由貿易体制を構築することではなく、まず第一に雇用、第二にアメリカの将来を支える産業の保護と育成にあります。これには軍事安全保障上の重要性も含まれています。アメリカにとっての通商交渉はあくまでこの二つの目標を実現するための道具に過ぎません。

そこで彼らはこの命題を満たすためにアメリカの産業をしっかりと分析しました。その材料になったのは知的財産権の集積度です。彼らは全産業を知的財産権（ＩＰ）の高度集積産業とそうでない産業に分類した研究で、アメリカの将来はＩＰ高度集積産業にあると結論付けたわけです。彼らの結論は以下の通りです。①雇用はＩＰ高度集積産業では好況時不況時を問わず増加傾向②ＩＰ高度集積産業では給与レベルが高い③ＩＰ高度集積産業の生産量及び販売量はそうでない産業の2倍以上④ＩＰ高度集積産業は高い国際競争力を持ち、貿易黒字をもたらしている――。

ところが、その重要な産業が、主に中国によって年間四兆円ほどの不当な侵害を受けていました。この損害の防止システムをつくりあげることがアメリカの将来を担う産業の育成と失業率の大幅な改善につながることに気づいたのです。そこで、中国がターゲットになった。ＴＰＰ交渉参加国には、ブルネイとベトナムの名前がありますが、実は両国とも知財侵害大国としてアメリカが関心を寄せているのです。

――知的財産をめぐる公正なルールづくりがアメリカの真の狙いだということは、日本ではほと

んど紹介されていません

渡辺　そもそも日本では知財権問題への関心が低すぎます。昨年（二〇一二年）六月、特許庁が「知的財産立国に向けた新たな課題と対応」という報告書を公表しました。その内容は、いかにして特許の取得をスピードアップさせるかといったことに主眼がおかれ、日本の知財がどれだけ海外から侵害されているか、それをどう守るのかという話は出てきません。もちろん、ＴＰＰへの言及もありません（笑い）。

ある国会議員を介して日本の被害額を確認してもらいましたが、きちんとした統計すらとっていなかったとのことでした。報告書で唯一、中国を問題視しているのが、冒認商標出願、つまり中国産のお茶に「静岡」という名前を付けるなど日本の地名や有名ブランドが商標登録される問題です。「中国での事例が多数を占める」としていますが、その解決策が「中国当局に対する継続的な働きかけ」「日米欧中韓による共同研究」というのでは消極的に過ぎるでしょう。

アメリカは、二〇〇八年十月、ＩＰ高度集積産業保護のため「Ｐｒｏ─ＩＰ法」と呼ばれる法律を民主・共和両党の超党派で成立させています。「国家の資源及び組織を知的財産権振興に優先的に活用する法」とでも訳すのでしょうか。そしてこの法律に基づき、「アメリカ知的財産権を行使するためのコーディネーター」（ＩＰＥＣ）という組織が設立されます。この組織は行政管理予算局の中にありますが、大統領及び議会に直接報告することになっています。つまり相当に強力な組織だと考えて間違いありません。関係諸官庁をＩＰ防衛についてはベクトルをそろえる権限も持っています。

ＩＰＥＣのリーダーは、アメリカで「知的財産権の女帝」と言われるビクトリア・エスピネル女史です。エスピネル女史がＩＰＥＣを率いることになったのは二〇〇九年十一月、つまりオバマ大統領がＴＰＰ交渉への参加を表明したときです。私はこうした時系列の流れを見て、ＩＰＥＣの成立とアメリカのＴＰＰ交渉参加は連動した動きだとの見立てをしました。したがって知的財産権やＴＰＰについてはＵＳＴＲではなくＩＰＥＣの動きを見るべきだと思っています。私が政治家なら彼女とコンタクトし、パイプ作りをすると思います。ＵＳＴＲとばかり話をしていてもしかたがないからです。

アメリカも混乱している

――海外では、アメリカの狙いは理解されているのですか

渡辺　私が住んでいるカナダのオタワにあるシンクタンク「Howe Institute」は昨年二月、こんなリポートを出しています。「ＴＰＰは単なる通商交渉ではない。わが国やアメリカなどの国のこれからの対中国政策と大きく係わる問題である。ＴＰＰに対する関心は、アジア太平洋諸国が、中国の覇権の脅威を感じ始めたことで高まった。アメリカはこの地域の安全保障を下支えできる経済的な枠組みを作り上げたいと望んでいる」「アメリカはＴＰＰを、この地域でのアメリカの影響力を強めるための道具として考えている。そして中国などの国営企業がこの地域で商業的な覇権を握ることを抑えたいと考えている」

やはり、アメリカの真の狙いが対中戦略にあることを指摘しています。またカナダは昨年十二月から、ＴＰＰの交渉に参加していますが、当初は参加できるかどうか危ぶまれていました。すでに参加していた国のうち農産物畜産物の分野で似た産業構造を持つオーストラリアやニュージーランドが歓迎していなかったからです。そのためアメリカに参加の後押しをしてもらおうと考えていましたが、同じシンクタンクのリポートは、「ＴＰＰのメンバー国としてカナダが認められるためには、アメリカが重視している分野においてカナダがサポートする側に立つ国であることを示す必要がある。（中略）アメリカとうまく調整できる分野は以下の通りである。政府調達▽労働の条件や環境▽投資家対国家の紛争解決の仕組み▽製品の規格や認証▽人権」―と指摘しています。やはり自由貿易や関税率の引き下げについては全く触れられていません。つまりカナダは、自由貿易はアメリカの重視するマターではないと明確に分析していたのです。

――ではなぜＴＰＰで「聖域なき関税撤廃」がうたわれているのでしょうか

渡辺　ＷＴＯはドーハラウンド交渉で挫折しました。この理由は自由貿易か保護貿易かの不毛な論争が原因でした。ここでアメリカ国内の自由貿易推進ロビーがＴＰＰに目をつけました。本来であれば、ＴＰＰは知的財産権の保護および紛争解決の仕組み作りに的を絞るべきであったのに、ＷＴＯで破綻した関税交渉までもＴＰＰ交渉に期待する勢力が参入してきてしまったのです。

日本がＴＰＰ参加意向を示したのが二〇一一年十一月でしたが、ＵＳＴＲは業界団体に日本の参加について意見書を提出させました。日本のコメ市場開放を要求してきた米作のロビイスト団体である全米ライス連合会は「連合会は日本がＴＰＰ交渉に参加することを支持する。ＴＰＰ合意にはコメの関税問題が含まれると考えられ、日本市場へのアクセスの増加はコメ生産者、精米業者、輸出業者に等しく大きな経済的利益を生む。従って、日本がＴＰＰのフルメンバーとして参加すれば、コメの関税問題がＴＰＰでは協議されなければならない」

フォード、ＧＭ、クライスラーというビッグ３が加盟するアメリカの自動車製造業者団体、ＡＡＰＣは次のようにコメントしています。「ＡＡＰＣは日本のＴＰＰ参加に反対する。日本の自動車市場は先進国の中でも最も閉ざされた市場である。（中略）日本は何十年にもわたる閉鎖的なこの市場を開放するという意思はない。日本の参加はＴＰＰ交渉の進捗を遅らせるだけである。ＴＰＰ交渉はアメリカの考えを共有できる国と進めるべきである。カナダ、メキシコの参加については前向きに検討すべきだと考える。もちろんこの二国の参加によってＴＰＰ交渉のスピードが遅くならないことが前提である」

両団体とも、それぞれの業界の打算を含んで賛成反対を表明しているわけで、アメリカも混乱しているのです。もしも自動車分野で関税が完全撤廃されたら、アメリカの自動車産業はもちません。そこで日本の自動車が原因ということになれば、第二次世界大戦前の反日と同じような騒動が起きかねません。

結局、ＴＰＰの落とし所としては、ルールによってコントロールされていて加盟国が納得しあえる保護貿易ではないかと思います。そうでなければアメリカももたないでしょう。例外なき自由貿易というのは、なんか嘘くさいんですよね。

農業分野では妥協もある⁉

――なぜ日本でだけ、「TPP＝完全自由貿易協定」と理解しているのでしょうか

渡辺　そもそも、日本では、自由貿易と保護貿易では自由貿易がベターなのだという思い込みが強すぎます。大学の経済学の影響だと思いますが、それは普遍の真理でもなんでもありません。

自由貿易は、A国とB国の貿易バランスが崩れたときに、A国のほうが生産性の高い分野はA国にすべて任せ、B国で生産効率が優れている分野はB国に任せると計算上はうまくいくというだけの話です。そこには倫理観がありません。仮にB国が現在は生産効率が低くても工業立国を目指すという目標があれば保護貿易で守るしかありません。後進国は自由貿易をやられたら、絶対に工業国になれないのです。食料だけ作っておけということになります。

アメリカも、一八六一年の南北戦争以降半世紀近く、保護貿易で経済を発展させたのです。南北戦争は奴隷解放ではなく、実は自由貿易を掲げる南軍と保護貿易の北軍の戦いだったということは拙著『日米衝突の根源』で紹介しています。社会や経済状況がいまも南北戦争当時のアメリカと同じ段階にある国は世界にはたくさんあります。自由貿易が正義だというのは、自由化で工業製品の輸出に恩恵を受ける先進国の傲慢な思い込みに過ぎません。

――では農業は例外として認められるのでしょうか。完全に自由化されると国内の農業が安価な農産物の輸入によって壊滅的打撃を受け、ただでさえ低い食糧自給率はさらに下がり、国益上、さらには国家の安全保障上も許容できないというTPP反対論は、いまも収まりません

渡辺　二〇一一年十月にキヤノングローバル戦略研究所が発表したリポートでも、アメリカのTPP戦略の真のターゲットが中国の中華帝国主義的経済外交政策への牽制であることを明確に指摘していましたが、この優れたレポートには致命的な欠陥がありました。WTOを舞台とした交渉で日本が主導性を発揮できなかったのは、農協などが農産物の例外化を主張したためだと以下のように手厳しく非難している点です。

「WTO交渉だけではなく、これまで我が国が結んできた二国間の経済連携協定交渉でも、我が国は、農産物の関税撤廃について多数の例外品目を確保することを交渉の最重要課題としてきた。農産物交渉で守りの姿勢に終始したために、他の分野で本来日本が勝ち取れるはずの譲歩を相手国から引き出すことが困難となった」

そもそも農業問題にはどの国もセンシティブで、国家安全保障の問題にも絡んできます。TPPに農業分野を入れ込むと、WTOの挫折の轍を踏むことは明らかです。TPPで中国の横暴を牽制するという大目標を抱えるアメリカにとって、本音レベルでは農業問題は相当に優先順位が低いはずで、私は農業分野では妥協すると読んでいます。実際、米韓自由貿易協定でもコメ市場は韓国の強い抵抗ではずされています。

このレポートに象徴されるように、アメリカの戦略の優先順位を見通した議論ができなかったために、日本のTPP反対意見が強硬なものになってしまったのではないでしょうか。アメリカは自由貿易など基本的なところではどうでも良いと考えているのではないか、と疑うことが重要な視点を提供すると私は考えています。

――ＴＰＰに盛り込まれているＩＳＤＳ条項への警戒も根強くあります。自由貿易協定下で、投資家保護のために一国の法律を協定違反として改定させるだけの効力があり、国家主権の侵害にあたるのではないかと言われている条項です

渡辺　私が逆に知りたいのは、昨年五月に署名された日中韓投資協定にもＩＳＤＳ条項は盛り込まれているのになぜ問題視されないのか、ＴＰＰのＩＳＤＳ条項だけが批判されるのか、ということです。

――それは不思議だし、中国にとって都合のよい状況だという点が恐ろしいですね。日本の保守派がＩＳＤＳ条項によってアメリカの強欲さに反感をもてば日米離反に好都合ですから。

ところで、日本には外交的な交渉能力がないのだから、交渉段階から参加するのではなく、各国の交渉が終わってＴＰＰの枠組みが決まってから、加入するか否かを判断すればよいという声もあります

渡辺　アメリカ人はフェアに戦う相手を勝ち負けに関係なくリスペクトするところがあります。フェアなルールで戦うべきだという倫理観は極めて強いし、世論にも訴えるものがあります。そしてアメリカ人と仲良くするには喧嘩するのが一番よいのです。一緒になって苦労して初めて本当の友情が生まれます。ＴＰＰのルールが出来上がってから加入を決めるというのは、アメリカにとって、「こずるい」考え方です。フェアプレーの精神から外れていますし、なによりもアメリカと喧々囂々《けんけんごうごう》の議論、ある意味では喧嘩を回避することで、彼らと真の友情を築くチャンスを逃すことになると考えます。

日本のＴＰＰ交渉への参加議論がもう少し大局をみた議論になって、アメリカと手を組んでどう中国を牽制するかに汗を流すことが日本の本当の国益にとって大変重要になるはずだと考えます。

〈聞き手：『正論』小島新一〉

（「緊急インタビュー　ＴＰＰの正体と国益」『正論』二〇一三年三月）

注

本文中にあるＩＰＥＣを率いたビクトリア・エスピネルは、ソフトウェア大手各社が作る知的財産権保護を目指す業界団体（ＢＳＡ：The Software Alliance）の会長に就任した（二〇一三年）。現在のＩＰＥＣのトップ（Coordinator）は、ダニー・マルチである（二〇一五年三月就任）。

Ⅲ　ルーズベルト神話

ルーズベルト神話と「ルーズヴェルト・ゲーム」

フランクリン・ルーズベルトとエレノアの出会い

日米外交の歴史を学ぶ者にとって、二人のルーズベルト大統領についての研究は避けて通れない。一人はセオドア・ルーズベルト（任期は一九〇一年から〇九年）であり、もう一人はフランクリン・ルーズベルト（FDR。任期は一九三三年から四五年）である。二人が祖先を同じくすることは容易に想像できる。確かにその祖はオランダから一六四九年ごろにニューヨーク（当時はオランダ領ニューアムステルダム）にやって来たクラース・ローゼンヴェルトの長男ニコラスである。セオドアもフランクリンもその家系を六代遡ればニコラスとなる。セオドアの家系は第四子のヨハネスから、フランクリンの家系は第六子のヤコブスから派生した。それぞれの家系を区別するために、居を構えた土地を冠につけて、前者はオイスターベイ・ルーズベルト家、後者はハイドパーク・ルーズベルト家と呼ばれる。

六世の孫であるから二人のDNAは大きく異なり、性格も、知力もまったく違う。しかし、フランクリンは、一九〇二年十二月、当時の大統領であるセオドア・ルーズベルトとの距離を一気に縮めた。セオドアの姪エレノアと結婚したのである。

セオドア・ルーズベルトの人気は高かった。四年前のスペインとの戦い（米西戦争）では、海軍次官のポストを捨て、キューバでの前線に出た。彼の指揮した志願兵部隊ラフ・ライダーズは、激戦となった丘陵地ケトルヒルを占領した。その活躍で一躍名を馳せたセオドアは、一九〇〇年の大統領選挙にマッキンリー大統領のランニングメイト（副大統領候補）に担ぎ出された。選挙に勝利したマッキンリーの暗殺（一九〇一年九月）を受けて大統領に昇格したが、その人気は亡くなった大統領よりも高かった。その大統領には愛娘のアリスがいた。王室のないアメリカにあって、美しい大統領の娘はたちまちプリンセスの称号を冠せられた。

一九〇二年十二月五日朝、プリンセスは、メディアに覚られぬよう用心し、ホワイトハウスを抜け出し、十時発のニューヨーク行きの汽車に乗り込んだ。メディアの目をかわすことはできたが、乗客はちらちらと彼女を観察した。好奇の視線を感じたままの六時間の汽車の旅だった。冬の夕暮れは早い。粉雪舞うニューヨークに到着し、アリスが目的地であるマンハッタン中心部の西三十七番街十一番地にやって来たころには、もう日が落ちかけていた。

アリスを待っていたのはいとこのエレノアだった。二人は同い年の十八歳だった。エレノアの父エリオットは、アリスの父セオドアの弟だった。この二歳違いの弟は兄とは違い酒乱であった。八年前に窓から身を投げて死んだ。父の死の二年前には母アンナがジフテリアで亡くなっていた。父の愛を一身に受けたアリスとは対照的に、親の愛情に恵まれなかったエレノアは、内気で暗い性格だった。また、お世辞にも美人とは言えなかった。それでも二人のいとこは仲が良かった。

エレノア・ルーズベルト（1902年）
http://www.rebelliousbeauty.com/2014_02_01_archive.html

アリス・ルーズベルト（1902年）
http://intowner.com/2012/09/10/princess-alice%E2%80%99s-palace/

　アリスがニューヨークにやって来たのは、四日後に控えていたいとこ（クリスティーン・キーン）のダンスパーティーのためだった。パーティーは、五番街の人気レストラン、シェリーズで予定されていた。[*1] パーティーの日の朝、二十歳の青年フランクリンがエレノアをクリスマスのショッピングに誘った。フランクリンはハンサムな若者だった。ハイドパーク・ルーズベルト家の直系である父ジェームズの二人目の妻サラ・デラノとの間にできた子供だった。デラノ家は支那とのアヘン貿易で財をなしていた。サラも幼少期には香港に暮らした。支那に暮らす西洋人にとって長崎は息抜きの場だったが、そこを訪れた年長の姉たちは日本の思い出をサラに語った。[*2]

　二人がどんな買い物をしたかはわからない。このころは、贈り物にイニシャルを彫ることが流行っていたから、二人は、グラスや銀食器に名入れを注文する買い物客に遭遇したに違いなかった。

二人はこれまでにも頻繁ではないにしろ、ときおり会っていたが、気の置けないいとこ同士のいわゆるカジュアルデートだった。ショッピングの後には二人で昼食をともにした。

シェリーズにはルーズベルトの血を引く若い男女が集まった。彼らに宿るDNAの同質性は大分希薄になっていたとはいえ、誰もがルーズベルトの家名そのものを誇りにしていた。ましてやその一門からは現職の大統領を輩出していた。若きルーズベルトたちはニューヨークのオランダ系WASP（ニッカーボッカー）の血筋に生まれた幸せの中で、ダンスに興じていたのである。

パーティーの席でエレノアをダンスに誘う若者はフランクリンだけであった。エレノアはこのときのことを次のように語っている。

「誰も私を誘ってくれなかった。フランクリンは一度だけ踊ってくれた。感じのいい男を演じていただけかもしれないけれど、それがうれしかった」[*3]

いとこたちは、フランクリンのお気に入りはアリスだと思っていた。ただアリスは早熟であったのか、フランクリンを一人前の男と認めていなかった。後に、「真面目な〝お母さん子〟（a good little Mother's boy）としてしか見ていなかったわ」と評している。[*4]

エレノアとフランクリンが結ばれたのはこのパーティーの二年半後のことであった。

セオドア・ルーズベルトの背中を追う

一九〇五年三月十七日は聖パトリックの祝日であった。アイルランドにキリスト教を広めた聖人パトリックを祀る祭日だけに、アイルランド系移民の多いニューヨークはお祭り気分に溢れていた。この日、マンハッタン東七十六番街六番地から八番地を占める屋敷に両ルーズベルト家の人々が集まっていた。セントラルパークに近いこの邸は、エレノアが父母の死後育てられた母方の祖母の家だった。結婚のセレモニーはこの邸に近しい親族や友人だけを集めて行われた。祝日の人出で、父親代わりになる大統領セオドアの到着が少し遅れ、式が始まったのは三時半であった。

エレノアが大統領と腕を組んで三階から二階の広間にゆっくり降りてくる。六人の未婚の女性（ブライドメイド）が二人を先導した。その中の一人はアリスだった。挙式は広間のある二階で行われた。式を任されたのは、フランクリンが学んだ高校、グロトン校の校長エンディコット・ピーボディー牧師だった。式を無事終えた新郎に大統領は、「フランクリン、ルーズベルトの名を持てることがどれほどの意味を持つか、じっくり考えることだね。[*5]（君もわかる日が来る）」と声をかけた。父親役を終えたセオドアは、たちまち出席者に囲まれた。この日の主役は若い二人ではなく大統領のようであった。フランクリンとエレノアの新居はマンハッタン市内の西四十五番街四十番地だった。[*6]フランクリンの母サラが息子のために用意した住まいの隣にはサラが住み、行き来が自由になるように設計された新居だった。

この日からおよそ四カ月後の七月二十六日、フランクリンを母親っ子の坊やだと言っていたアリスは明治天皇の右隣に座っていた。天皇は、父親セオドアについて多くのことを知りたがった。彼女はその質問に丁寧に答えていた。彼女は父が送り出したタフト訪日団の一員として大統領の名代役を務めていたのである。タフト陸軍長官と桂太郎首相との間で、フィリピンと朝鮮にかかわる覚書（桂・タフト協定）が交わされたのは、この翌日のことだった。日本はフィリピンに野心のないことを約し、アメリカは日本の朝鮮に対する指導的立場を容認する秘密協定だった。

フランクリン・ルーズベルトは、エレノアとの結婚で現職大統領の甥になった。自らの結婚式でも、その伯父が主役だった。彼はルーズベルトの血脈の重みを考えるようアドバイスしてくれた。フランクリンは新婚生活と同時に、セオドアの後を必死に追い始めたのである。

一九一〇年にはニューヨーク州議会上院議員に民主党から立候補して当選した。共和党政治家であるセオドアとは党を異にするものの、フランクリンは政治家への道を進み始めた。

一九一二年には大統領選挙があった。十九世紀後半から二十世紀初めのアメリカの政治は共和党主導で進められた。しかし、この年、共和党が分裂した。セオドアが後継指名したタフト大統領の政治姿勢に、後継させた本人のセオドアが反旗を翻したのである。セオドアは、タフトのアジア外交が丁寧でないことに憤っていた。セオドアが残した人材を次々に交代させたことも気に入らなかった。共和党分裂選挙で漁夫の利を得たのが民主党のウッドロー・ウィルソンであった。フランクリンは、ウィルソンの選挙にさわやかな弁舌で貢献した。メディアの発達していない時代の選挙は演説が最も重要だった。フランクリンにはその才能があった。ルーズベルトの名を持つハンサムな若手政治家の演説は聴衆を魅了した。ウィルソンはその功に感謝し、フランクリンを海軍次官に抜擢した。フランクリンはこのポストに満足だった。ニューヨーク州議会議員から海軍次官就任の経歴は、伯父セオドアの後をそのまま追うものだった。ただ違うのは、彼が民主党員であるということだけだった。

「戦いを恐れない男」神話

一九一七年四月二日、ワシントンは雨であった。エレノアとフランクリンは雨の中を議事堂に向かった。[*7] ウィルソン大統領は今からちょうど百年前の一九一四年から始まっていたヨーロッパの戦いに参入することを決めた。中立の立場を変え、イギリス支援を決定し、ドイツへの宣戦布告演説がこの日行われるのである。

「本日特別に議会を召集し、議員諸君に集まってもらったのは、わが国はきわめて重大な決断をしなくてはならないからです。その決断はあまりに重大で、大統領が勝手に行ってはならない（議会の同意が必要である）と憲法に規定されているほどのものであります」から始まる、ウィルソンの演説を二人は聞いた。

フランクリンの敬愛するセオドアは、自らの属する種（WASP＝ホワイト・アングロサクソン・プロテスタント）に強烈な誇りを持っていた。その誇りの源泉は、WASPの伝統にあった。WASPの戦う精神こそが他の人種を圧倒する力だと考えていた。だからこそ、そのリーダーはなおさらのこと戦いの先頭に立たなくてはならなかった。セオドアは、フランクリンも海軍次官の職を辞し、彼と同じように前線で戦うべきだと言っていた。[*8] しかし、彼は辞めなかった。フランクリン・ルーズベルトに同情的な史書は、上司のウィルソン大統領とダニエル海軍長官がそれを許さなかったと書いている。[*9] しかし、ダニエル長官は、日ごろから上司を無能だと言っていたフランクリンを信用していなかった。強い辞意を示していれば、その願いは聞き入れられたはずだった。

それでもフランクリンは前線に行くことにはこだわった。セオドアに少しでも近づくためには戦いの場に行くことに恐れを見せてはいけなかった。フランクリンを鬱陶しい部下と感じていたダニエル長官は、喜んで彼をフランスに遣った。[*10] 海軍次官の立場で陸軍の戦う前線を視察する変則的なフランス行きであった。

フランクリンを乗せた最新鋭駆逐艦ダイヤーが最初の訪問地イギリスに向かったのは一九一八年七月十日のことであった。この四日後、フランスの激戦地シャムリー（Chamery）村上空の航空戦で、一機の複葉フランス機（ニューポール28）がドイツ機に撃墜された。戦死したパイロットは、セオドア・ルーズベルトの最愛の息子クエンティンであった。彼は志願兵としてフランス第九十五航空隊に所属していた。戦うＷＡＳＰの精神を父に叩き込まれ、クエンティンはフランスの地に消えた。

フランクリンは、イギリスでもフランスでも大歓迎を受けた。アメリカの参戦がなければすでにドイツに敗れていた可能性があっただけに、両国が現役の米国海軍次官を歓迎するのは当然であった。七月三十日にはジョージ五世との謁見があり、その夜のパーティーでは軍需大臣であったチャーチルとも会った。このときのチャーチルはフランクリンに何の関心も示さなかった。[*11] フランスでの歓迎も同じようなものだった。

フランクリンは物足りなかった。セオドアの後を追うためには、どうしても前線に行かなくてはならなかった。少なくとも前線に立ったことを示すことが必要だった。フランスは、この要人のリクエストに応え、彼を激戦地であったベローの森（Belleau Wood　一九一八年六月、参戦したアメリカ軍が最初に戦闘を開始した地）に案内した。[*12] そこはもはや戦場ではなかった。なまなましい戦いの痕跡がそこかしこにあるだけだった。

しかし、フランクリンは「前線視察」ができたことで、戦いを恐れないルーズベルトの伝統を守るイメージ作りに成功した。フランクリン自身が始めた「ルーズベルト神話」作りの最初のステップであった。

「幸福な結婚」神話

フランクリンがニューヨークに戻ったのは、すでに秋の気配が漂う九月のことだった。妻エレノアはフランクリンの帰りを待ちわびていた。彼女には、夫が疲労困憊して体調が悪いことが知らされていた。ワシントンから、義母の住む家に移り、彼の帰りを待っていた。フランクリンは、ヨーロッパのどこかでインフルエンザに感染していたのである。帰国のころにはすでに両の肺に炎症を起こしていた。

義母サラの邸は東六十五番街にあった。タクシーが邸の前に止まると、付き添いの当番兵四人が、疲れきったフランクリンを部屋に運び込んだ。ようやく夫をベッドに休ませることができたエレノアは、運ばれてきた彼のスーツケースの整理を始めた。この作業が彼女の人生を一瞬にして変えることになる。彼女は、スーツケースの中に、束になったラブレターを発見したのである。差出人はルーシー・マーサーであった。エレノアが自ら雇った秘書であった。エレノアはこのとき「私の住む世界の底が抜けたようだった」と後に述懐している。[*13]

彼女はすぐにルーシーを解雇した。二人の関係は少なくとも一年は続いていた。一時の戯れではなかったのである。エレノアは離婚を決意した。しかし、義母サラはそれを許さなかった。ルーズベルト一族に離婚などあってはならなかった。[*14] フランクリンには父が残した信託口座に三百万ドルの預金があった。その口座は母に管理されていた。海軍次官の給与は一般人であれば十分な額であったが、ニューヨークのセレブ社会での生活を維持するにはとても足りなかった。サラは信託口座の資金を凍結すると脅した。二人は離婚しないことに決めた。ただし、エレノアは二つの条件をつけた。一つはルーシーと二度と会わないこと、もう一つは二度と同じベッドで寝ないことであった。[*15] 解雇されたルーシーは海軍省に職を得た。

ルーズベルトの離婚に反対したのは母サラだけではなかった。一九一二年の州議会議員選挙以来、ルーズベルトの選挙参謀であったルイス・ハウもサラに同調した。ハウは元ニューヨーク・ヘラルド紙の記者であったが、一九一〇年の選挙で新人議員となったフランクリンをインタビューしたことがあった。ハウはそのとき、「フランクリンは必ず大統領になる男である」とインスピレーションを得た。それ以来、側近として、一九三六年に亡くなるまで、彼の選挙活動の参謀役だった。大統領の夫婦関係は国民の模範でなければならない。それが当時の社会規範であった。ハウは、フランクリン・ルーズベルトにはこの規範を遵守する良き大統領であるという神話を作ってもらわねばならなかった。

フランクリンは一九二〇年の大統領選挙では民主党の副大統領候補に選出された。これも伯父セオドアの軌跡と同じであった。セオドアのワシントン政界進出の出発点もマッキンリー大統領のランニングメイト（副大統領）であった。セオドアもこの一九二〇年の大統領選に意欲を見せていたが、前年に心臓の発作で亡くなっていた（一九一九年一月）。最愛の息子クエンティンの死が精神的に彼を弱らせていたのかもしれなかった。

フランクリンの民主党は選挙で大敗した。ウィルソン大統領がヨーロッパの戦いに参戦したことや、アメリカの主権を脅かす彼の国際連盟への参加構想に国民が反発していた。民主党の敗北が予想されていた選挙だった。選挙後、フランクリンはニューヨークの金融資本家グループを顧客とする法律事務所で働くこととなる。この時代に彼はニューヨーク金融資本家との人脈を深めていった。後に大統領に当選し、ブレイン・トラストと呼ばれる若手経済顧問をワシントンに連れてきてニューディール政策を始めたが、彼らとの交流はこのころに始まったものだった。

「剛健な政治家」神話

選挙に敗れた翌年の一九二一年八月、フランクリンは、八年ぶりに休暇らしい休暇をとった。カナダ・ニューブランズウィック州の小島キャンポベロー島にある別荘での久方ぶりのバケーションだった。八月十日はいつもと変わらない夏の休日であった。子供たちをヨットに乗せ、セーリングを楽しんだ。そのときキャンポベロー島近くの小島で小さな山火事を発見した。数時間かけてその消火にあたった。それを終えると、子供たちとファンディ湾で泳いだ。この日が、フランクリンが五体満足で人生を謳歌できる最後の日となった。

四時ごろ別荘に戻った彼は激しい悪寒に襲われた。濡れた水着を着替える力もないほどであった。なんとか着替えを済ませると、夕食もとらずに床に就いた。翌朝には症状はさらに悪化していた。下肢の自由がきかなくなり、自分で排尿の処理もできないほどだった。この休暇に付き添っていたハウは、近くにいる頼れそうな医者を探した。たまたま休暇に来ていたフィラデルフィアの外科医の指導に従って、エレノアとハウはフランクリンの両足を懸命にマッサージした。それでも彼の容態は改善しなかった。

ハウは、看護に当たりながらフランクリンの将来を考えた。下半身が麻痺したことが世に知られたら大統領になどなれない。不自由な体では激務はこなせないからだ。「報道されてしまえば彼の将来も我々の未来もない。それで一巻の終わりだ[*16]」と恐れた。ハウとエレノアは、ひそかにフランクリンをニューヨークに移した。エレノアが鉄道経営者の叔父フレデリック・デラノに頼り、特別車両を手配して人の目に触れないよう万全を期した。ニューヨーク・タイムズ紙が、フランクリンがポリオ（小児麻痺）に感染したことを報じたのは九月十六日のことだった。記事は、その予後を楽観的に伝えるものだった。

フランクリンは麻痺した下肢の機能回復に強い意志を見せたが、一向に回復しなかった。それを見た母サラは、彼を政治の世界に戻したくなかった。彼には父が残した十分な遺産がある。のんびりと趣味に生きる人生でもよいと考えた。しかし、ハウがそれに強く反対した。「フランクリンは必ず大統領になれる」と言い張るハウにエレノアが同調した。[*17] フランクリンに最も影響力のあった母サラがここで自身の主張を貫いていたら、日米の戦いもなかったに違いないと嘆いても詮ないことである。

フランクリンを必ず大統領にすると決めた妻エレノアと選挙参謀ハウの二人三脚の構図はここでできた。アメリカ国民の模範となる夫婦関係を演じるのはエレノアである。どんな激務もこなせる剛健な政治家のイメージ作りはハウが担当した。幸福な結婚と頑健な身体。エレノアとハウの二人が、どうしても作り上げなければならなかった神話であった。フランクリン本人は、生来の人を魅了する声で、国民の心をくすぐる演説を続ければよかった。

フランクリンの雄弁は、民主党重鎮に重宝された。一九二八年の大統領選挙に出馬したニューヨーク州知事アルフレッド・スミスもそれを利用した一人であった。後に、反ルーズベルトの急先鋒となるシカゴ・トリビューン紙のオーナー、ロバート・マコーミックさえフランクリンのスミス応援演説の見事さを絶賛した。[*18] フランクリンは演説の才だけでなく、選挙応援スケジュールの過密さでもメディアを驚嘆させた。選挙参謀のハウは、演説会場には、フランクリンを裏口から入れ、彼が介添えなしでは歩けないところをけっして聴衆に見せなかった。彼を追うメディアは、当然このことを知っていた。しかし、それを報じようとはしなかった。ハウからの要請があったからでもあるが、記者たちはルーズベルトに同情したのである。

カメラマンも協力した。たとえば、ハウは、介添えの力を借りて車から降りるフランクリンの姿を撮ってもらっては困ると要請していた。彼らは積極的にその指示に従った。フランクリンの身体の不自由さがわかる写真を撮ってしまった場合、感光板までも破棄したという。[*19] こうして、ルーズベルト神話作りの作業にメディアが加わった。ルーズベルトの下肢の不自由さをあからさまに示す写真がほとんどないのはそのためである。

「ニューディール政策成功」神話

一九二八年の大統領選挙は、フランクリンの応援演説も空しく、またしても民主党の大敗だった。大統領には共和党のハーバート・フーバーが当選した。負けたとはいえフランクリンには論功行賞があった。スミスの後継者としてニューヨーク州知事候補に推され、当選した。前知事スミスの健全な州政の運営があったから、フランクリンの政治運営はスムーズにいった。

州知事就任一年目の秋、ニューヨーク株式市場が暴落した（一九二九年十月）。世界的な恐慌の始まりであった。大統領は後にメイナード・ケインズによって発表されるケインズ理論（一九三六年）に先立つような積極的財政策に打って出た。しかし、その効果はみられず不況は深刻化した。メディアはフーバー大統領を揶揄《やゆ》する言葉を作り出した。「フーバーの毛布」とは、浮浪者が身体に巻きつけて暖を取る新聞紙のことであり、「フーバーのポケット」は、裏返しても一銭も出てこないポケットのことだった。これらの表現は一文無しの貧乏人を描写するのに使われた。

一九三二年の大統領選挙に民主党はフランクリンを担いだ。フランクリンの選挙戦は楽なものだった。一向に改善しない不況で、現職フーバーへの風当たりは強かった。積極財政策をとっているフーバーを、フランクリンはとんでもない税金の無駄遣いだと非難した。

「支出は歳入の範囲でやりくりしなくてはならない。国家財政は普通の家庭のやりくりと同じである。そうでなければ国はたちまち窮乏化する」[*20]

「政府の支出が必要であれば、それは税金で手当てしなくてはならない。それがどれほどの金額であっても、まず税収を増やすことから始めなければならない」[*21]

十一月八日の選挙では案の定、民主党の圧勝だった。選挙人の数では四百七十二対五十九。一般投票でも五七パーセント対四〇パーセントであった。権力を奪取したフランクリンは、選挙公約をさらりと捨てた。均衡財政の主張などなかったかのように、ブレイン・トラストと呼ばれる、超積極財政を主張する若手経済学者や社会主義思想家に経済政策を委ねた。フランクリンは、公約を破ることに何の躊躇いもなかった。ブレイン・トラストは、次々に頭文字三文字から四文字で表される新政府組織を設立し、そこを通じて惜しみなく公的資金を注ぎ込んだ。復興金融公社（RFC）、テネシー川流域開発公社（TVA）、市民保全部隊（CCC）などである。こうした組織に注ぎ込まれた巨額資金は毎年三十億ドルにものぼった。[*22]

ニューディール政策と呼ばれるフランクリンの経済政策は今でも、積極財政政策の成功例として記憶される。筆者の中学時代の歴史教科書にもそのように書かれていた。同年代の読者の多くが、その代表例とされたTVAという単語を記憶しているに違いない。しかし、この政策の実態は完全な失敗であった。巨額な財政赤字を覚悟して市場にお金を流しても、健全な民間資本による経済成長がなければ、好況はいつか止まる。それが起きたのが一九三七年から三八年のことだった。失業率は一四パーセント（一九三七年）から一九パーセント（一九三八年）へ急上昇し、失業者数も一千万人を超えた。工業生産額は四〇パーセント近い減少を見せ、一九三四年の水準に後退した。失業率が五パーセントを切るほどの水準に下がり、景気が回復を見せたのは、イギリス支援のための武器生産を合法化した武器貸与法（一九四一年）成立以降であった。

ニューディール政策は失敗であったが、潤沢な政府資金をばらまかれ潤った者たちは喜んだ。みな権力に近い者ばかりである。ルーズベルト政権に感謝こそすれ、けっして批判はしなかった。メディアもそれに加担した。「ニューディール政策によるアメリカ経済の復活」。これがフランクリンの新しい神話だった。「戦いを恐れない男（第一神話）」、「幸せな結婚生活（第二神話）」、「頑健な身体（第三神話）」に継ぐ、第四の神話だった。

フランクリン・ルーズベルト政権は、一九三九年から始まったヨーロッパの戦いに、なぜあれほど干渉的だったのか。それはニューディール政策の失敗を糊塗するためではなかったか。不況から脱出したい金融資本家グループが、それを密かに支援したのではないか。そうした疑問は自然に湧いてくる。しかし、そのような疑問を呈する歴史家は、「歴史修正主義者」と罵倒され、神話を疑う者は葬られる世論が形成されてしまった。

その後も、連合国側の戦争目的を、全体主義を打ち破るための民主主義の戦いと位置づけた「大西洋憲章神話」（第五神話）が生まれた。一九四一年八月にカナダ・ニューファンドランド島沖で、チャーチルとルーズベルトは、最初の一撃を加えさせるために日本をどう刺激するか話し合った。また大西洋方面でのアメリカの対英支援強化策を話し合った。「大西洋憲章」の発表はそれを隠す煙幕だった。その煙によって、全体主義の権化であるソビエトが連合国側につく矛盾が覆い隠された。

「ルーズヴェルト・ゲーム」：拡大再生産される「偉大な大統領神話」

私は最近、「ルーズヴェルト・ゲーム」とタイトルされたドラマが日本で放映されていることを知った（池井戸潤原作の同名小説を二〇一四年にＴＢＳがテレビドラマ化）。ルーズベルトについては、日米外交史を扱う歴史家として詳しいはずだと思っていたが、私はこの言葉の意味するところを知らなかった。北米に三十年以上暮らしているが、こんな言葉を使った人物に会ったことがない。

調べてみると、野球好きのフランクリン・ルーズベルトが、「点の取り合いで、はらはらさせる八対七くらいのゲームが一番面白い」と言ったことから来た言葉のようだ。野球中継もよく観るほうだが、アナウンサーがこのような表現をしたのを聞いたことはない。私のように、内政・外交ともに見識のないルーズベルトはアメリカ史上最低の大統領であると考える者は、ルーズベルトの名を冠した言葉（しかもアメリカ人すら知らない言葉）が、日本のドラマの題名にポジティブな意味を持って使われることに唖然とする。

山本五十六提督と同様、フランクリン・ルーズベルトはポーカーが大好きだった。弱い手でもはったり（ブラフ）をかけ、相手がゲームから降りると大喜びであったという。そんな彼が、「八対七くらいのゲームで最後は勝つのが一番面白い」と言ったとしても不思議はない。しかし、一九四一年の対日外交ポーカーゲームで見事に勝利し、アメリカの参戦を実現させたルーズベルトを、日本のメディアがいまだにポジティブに扱っていることには驚くばかりである。わが母国日本では、「ルーズベルトは偉大な大統領神話」が、アメリカ人も使わない言葉を使って、戦後七十年を経てもなお拡大再生産されているのである。

（「『ルーズベルト神話』が燃え落ちる日」『正論』二〇一四年九月）

注

＊1　Linda Donn, *the Roosevelt Cousins*, Alfred K. Knopf, 2001, p7.

＊2　デラノ家のアヘン貿易との関わりについては、拙著『日本開国』（草思社）第29章「混沌の支那大陸」及び第33章「センチメンタルチャイナ」を参照されたい。

＊3　*the Roosevelt Cousins*, p7.

＊4　同右、p9.

＊5　同右、pp104-105.

＊6　*New York Times*, March 18, 1905.

＊7　*the Roosevelt Cousins*, p145.

＊8　同右。

＊9　同右。

＊10　Thomas Fleming, *The Illusion of Victory*, Basic Books, 2003, p253.

＊11　同右、p255.

＊12　同右、p257.

＊13　同右、p259.
＊14　FDR and his Women, Scandalous Women, January 2, 2009.
http://scandalouswoman.blogspot.ca/2009/01/fdr-and-his-women.html
＊15　同右。
＊16　David Houck, *Rhetoric as Currency*, Texas A & M Univ. Press, 2001, p99.
＊17　Steven Lomazow and Eric Fettman, *FDR's Deadly Secret*, Public Affairs, 2009, p29. スティーヴン・ロマゾウ、エリック・フェットマン著　渡辺訳『ルーズベルトの死の秘密』草思社、二〇一五年、五五―五六頁。
＊18　同右、p35. 邦訳、六三頁。
＊19　同右、p37. 邦訳、六五頁。
＊20　『ルーズベルトの開戦責任』三五頁。
＊21　同右。
＊22　同右、三六頁。

知られざる国家機密漏洩事件——ルーズベルトとチャーチルの密約

メディアが大きく取り上げた特定秘密保護法（特定秘密の保護に関する法律）が昨年末（二〇一三年十二月十三日）に公布された。このニュースを聞いて私はある事件を思い出していた。日本の歴史を、いや世界の歴史までも大きく変えたかもしれない国家秘密漏洩（未遂）事件である。その概要は、七十年以上の時を経て、ようやく明らかになってきた。

ニュージャージー州ホーボーケン港三番埠頭に、貨客船シルバーオーク号がその船体を横たえたのは一九四五年十二月四日のことであった。もはやドイツのUボートを恐れる必要もない大西洋横断を終えたのである。埠頭に立ってハドソン川越しに目をやれば、マンハッタン島西岸に聳《そび》えるビル群を望むことができる。ホーボーケンはニューヨークへの海の玄関口であった。

シルバーオーク号から最後に降り立った四十七人目の乗客、タイラー・ケント（Tyler Kent）を二人の私服刑事と税関職員が待ち構えていた。ケントは出迎えに来ていた母親と短く言葉を交わすと税関事務所に連行されていった。親子が言葉を交わすのは一九四〇年三月以来、五年半ぶりのことであった。税関での事務処理と聞き取りを終えて出てきた彼を新聞記者が取り囲んだ。その数は四十人を超えていた。

ケントはロンドンで逮捕された少壮のアメリカ駐英大使館職員であった。「スパイ」容疑で有罪となり、イギリスの監獄で五年を過ごした。このときは刑期二年を残して帰国を許されたのであった。

ケントはどのような罪を犯したのだろうか。アメリカ国務省は次のように説明している。[*1]

「暗号化される外交文書の量は膨大なものである。その取り扱いについては従前から国務省の頭痛の種であった。わが国の駐英大使館員がスパイ容疑でイギリス政府官憲に逮捕されたことにより、この問題が顕在化した」

「タイラー・ケントはわが国駐英大使館の暗号担当職員であったが、一九四〇年春、大使館の公文書を密かにイギリス国内のファシスト・グループに漏洩していた。その情報はドイツに流されていた。英国政府がケントを逮捕したのは一九四〇年五月二十日のことである。わが国の事前了解を取った上での逮捕であった」

「ケントの部屋からはおよそ千五百点の公文書が発見された。（中略）国務省は彼を解雇し、外交官特権を剝奪した。イギリスはケントを国家機密法（Official Secret Act）で起訴し、彼を七年の懲役刑に処したのである。この事件で国務省は外交文書にかかわる暗号の変更を余儀なくされた。その結果、六週間にわたって業務が混乱した」

国務省が外交秘密漏洩防止の歴史を著した文書で記すタイラー・ケント事件の概要はこれだけである。しかしケントが持ち出した大量の公文書の中には、アメリカの、いや世界の歴史までも変えてしまう可能性を秘めたある交信記録が含まれていたのである。

この事件については、イギリス国内では報道が規制されていたものの、アメリカ国民は事件の存在だけは知っていた。なぜケントは外交官特権を剥奪され、収監されたのか。それが米国民の関心事だった。多くの記者がホーボーケンに集まっていたのは、ケントの話を直接聞きたかったからである。ケントは、記者とのインタビューの中で、公文書の盗み出しは認めたものの、その行為は道義心に駆られたものだと主張した。その上で、真珠湾問題を調査する委員会（上院）で証言したい、と語ったのである。

ケントの逮捕劇の顚末を語る前に、彼が逮捕された一九四〇年という時代を振り返ってみたい。この年はアメリカ大統領選挙の年であった。フランクリン・ルーズベルト（ＦＤＲ）の二期にわたる政権運営で、彼の干渉主義的外交、つまり何としてでもイギリスに加担し対独戦争に参加したいと考える大統領の外交姿勢が誰の目にも明らかになっていた時期だった。

しかし、その一方で、八〇パーセントを超える国民は、アメリカがヨーロッパの戦いに巻き込まれることを拒否していた。アメリカ国内の孤立主義（非干渉主義）者は、全国組織（アメリカ第一主義委員会 America First Committee）結成の準備を進め、ルーズベルト政権の干渉主義的外交を牽制していた。

アメリカ大統領は三選されないことが不文律であった。孤立主義者たちは二期にわたって大統領の座にあったルーズベルトに代わる新大統領を選出し、アメリカ外交を旧来のモンロー主義の伝統（モンロー宣言、一八二三年）に沿ったものに戻すチャンスがようやく巡ってきたと考えていた。ヨーロッパ諸国には南北アメリカ大陸の政治に口を挟ませない。その代わりアメリカもヨーロッパの揉め事には干渉しない。それがアメリカ外交の伝統であった。

第一次世界大戦でのアメリカの参戦は、この伝統に反したものだった。その結果、極めて座りの悪いヨーロッパの勢力図（ベルサイユ体制）が出来上がってしまった。フランスとイギリスのドイツへの強烈な復讐心で、ドイツは国家経済が立ち行かないほどの賠償を課せられた。その結果、ワイマール体制は崩壊し、ドイツにはナチス政権が登場した。共産化したソビエトロシアも着々とその勢力を拡大させていた。民族自決の原則で人工的に引かれたヨーロッパ諸国の国境線が民族対立の火種となっていた。

アメリカ世論は、モンロー主義の伝統を破り、ヨーロッパのいがみ合いに直接関わってしまったウッドロー・ウィルソン大統領こそが、歪んだヨーロッパを生んだのだと悔いていたのである。アメリカはヨーロッパの揉め事にけっして関わってはいけない。国民のほとんどがそう感じていたのが一九四〇年であった。だからこそ国民は、ルーズベルトに代わって非干渉的な政策をとる新大統領の登場を期待していた。

ルーズベルトはそうした世論の空気を肌で感じていた。大統領三選を認めない不文律の存在もわかっていた。それでも彼は三選を狙っていた。その思惑を側近のハリー・ホプキンスには漏らしていた。ホプキンスはこの年の一月には、大統領のスピーチライターであるロバート・シャーウッドに大統領の思いを伝えていた。しかしルーズベルトの思惑を知らされていた者は少ない。それは、財務長官であったヘンリー・モーゲンソーが次のように記していたことからでもわかる（一九四〇年一月二十九日付「モーゲンソー日記」）。

「私（ルーズベルト）は今から（候補者を決める七月の）民主党大会の間に、ヨーロッパ情勢がよほどひどくならない限りは三選を目指さない」（傍点筆者）

さてここでタイラー・ケント事件に話を戻す。彼は南満州の営口《えいこう》で生まれている（一九一一年三月二十四日）。父ウィリアムは、満州の大豆などの積出港として賑わっていたこの町の米国領事であった。ケント家はバージニア州の名門である。タイラーの祖父は同州議会の議長を務めている。家系図はジョン・タイラー大統領（第十代。任期は一八四一年から四五年）にまで遡ることができた。

ケントはプリンストン大学とジョージタウン大学で学んでいる。卒業後はソルボンヌ大学（フランス）とマドリード大学（スペイン）に留学した。彼には語学の才能があった。複数のヨーロッパ言語を習得したが、その中にはロシア語もあった。

ルーズベルトは大統領に就任するとすぐに、ソビエトロシアを承認している（一九三三年）。初代駐ソ大使に任命されたのはウィリアム・ブリットである。彼はソビエトに強いシンパシーを寄せる人物であった。それは彼が、『世界を震撼させた十日間』（一九一九年）を著して共産革命を賛美したアメリカ人ジャーナリスト、ジョン・リードの未亡人ルイーズ・ブライアントを妻にしていることからも明らかだった（一九二四年結婚、一九三〇年離婚）。ソビエトの承認とブリットの任命は、ルーズベルトがいかに容共的な政治家であったかを示していた。

ソビエト承認にともない、国務省はロシア語に堪能な職員が必要となった。タイラー・ケントの採用は、父親のコネクションもあり、すぐに決まっている。ブリット大使と二十五名ばかりの大使館職員が客船ワシントン号に乗ってニューヨーク港を出発したのは、一九三四年二月十五日のことである。モスクワ到着は三月一日であった。

スターリンはルーズベルトがソビエトを承認してくれたことに歓喜し、モスクワの一等地「レーニンの丘」（Lenin Hill）を大使館建設用地に提供した。ルーズベルトへの感謝の気持ちを表したのである。モスクワ河畔にあるこの丘からは市内が川越しに一望できた。しかしモスクワ中心地から少し遠かったこともあって、この地に大使館は建設されていない。大使館が設けられたのは赤の広場に近いビルであった。ケントはここで暗号文書の解読と管理業務を任されている。

アメリカがモスクワに大使館を設けた一九三四年は、スターリンによる恐怖政治が誰の目にも明らかになった年でもあった。この年の十二月一日には、ナンバー2であるセルゲイ・キーロフが暗殺されている。スターリン批判も辞さなかった実力者キーロフの殺害にスターリンが関与していることは間違いのないことであった。またこの年には秘密警察組織が改組され、内務人民委員部（NKVD）が設立されている。この組織によってスターリンの恐怖政治が本格化したのである。

ロシア語を流暢に操り、ロシア人との交流も自由にできたケントが共産主義体制に幻滅するのに時間はかからなかった。親ソビエトの代表格のようなブリット大使でさえ失望した。一九三五年のコミンテルン大会ではアメリカ共産党を招待して大使を刺激した。大使が駐仏大使に転任を命じられたのは一九三六年のことであったが、離任に際して次のように述べ、ソビエトロシアを酷評した。

「ソビエト政府と友好関係など築けはしない。これはソビエトに限ったことではない。どの国の共産主義者とも親しくなどできはしない」[*2]

ケントはブリット大使が離任した後も新大使ジョセフ・デイヴィスのもとで働いた。彼が駐英大使館に転勤となったのは一九三九年十月のことである。ひと月前にはドイツがポーランドに侵攻し、ヨーロッパ大陸での戦いが始まっていた。駐英大使館はアメリカの対ヨーロッパ外交に関わる公文書が行き交うハブ機能を果たしていた。ソビエトに幻滅していたケントにとっても活躍できそうな勤務地であった。

この時期の駐英大使はジョセフ・ケネディである（任期は一九三八年から四一年）。現駐日大使キャロライン・ケネディの祖父にあたる。アメリカは駐英大使には親英的な人物を選ぶことが多かった。しかしケネディ大使はアイルランド系カソリックである。アイルランドはイギリスの圧政に苦しんだ歴史がある。ジョセフの祖父は、イギリスの自由貿易帝国主義の結果としてもたらされたジャガイモ飢饉（一八四五―四六年）の直後にアメリカに移民していた。この飢饉で百万人が餓死し、百五十万人がアメリカに移住した。人口八百万のアイルランドから二百五十万人が消えたのである。

そのこともあって、ケネディ大使のイギリスに対する目は冷ややかなところがあった。ルーズベルト大統領の外交政策は徹底的にイギリスを支援するというものであった。しかしケネディ大使はむしろ、ドイツとの宥和政策を模索するチェンバレン首相の考え方に同情的であった。ルーズベルト大統領と考えを異にする大使は、大使館に届く公文書のいくつかを私的にコピーさせていた。回顧録執筆のためと称しているが、違う目的があったかもしれない。

コピー機のない時代の複写作業はカーボン紙を利用したものになる。その作業を任されたのがタイラー・ケントであった。ケントは複写作業にもう一枚のカーボン紙を挟み込んだ。自らも公文書を保存しようとしたのである。複写の作業は大使の指示であったから、その秘密の行為が発覚することはなかった。廃棄処分にする文書を拾い出して保存したこともあった。彼はそれらをアパートの一室に保管していたのである。千五百点ほどの大量の公文書は、発信日、発信者などによって区分され整然とファイルされていた。

この中にルーズベルトの政治生命に関わるほどの外交文書があった。世に知られればルーズベルトの三選はなかった可能性まである秘密の文書がケントの手に渡っていたのである。それはルーズベルト大統領とチャーチルの直接交信の記録であった。チャーチルが首相に上がったのは一九四〇年五月のことだ。したがって、ケントが秘密の複写作業を始めたころのチャーチルはチェンバレン政権の一介の閣僚（海軍大臣。一九三九年九月就任）に過ぎなかった。

ルーズベルトは、チェンバレン首相に隠れて、一大臣に過ぎないチャーチルと密かに接触していたのである。大統領のカウンターパートは首相でなくてはならない。大統領が他国の大臣と直接交渉することなど、外交上あってはならないことだった。この事実だけでもスキャンダルに発展する可能性が高かった。

それ以上に問題があったのは、その内容である。たとえば、一九三九年十二月二十五日付のルーズベルト宛の文書は、イギリス海軍がアメリカ領海内であってもドイツ船を拿捕《だほ》することを伝えていた。アメリカ領海内での拿捕はアメリカの主権を侵すものであった。

一九四〇年二月二十八日付の文書は、イギリス海軍は、アメリカからヨーロッパに発送される郵便を海上で臨検すると伝えていた。郵便物を積む船がアメリカ船籍であろうとも、あるいは他の中立国船籍であっても、無差別に臨検すると決めたのである。これもアメリカ主権に対する重大な侵害行為であった。ルーズベルトに事前了承を求めるこうしたメッセージの差出人は「海軍関係者(naval person)」とだけ記され、チャーチルの名は伏せられていた。それでも、ルーズベルトがイギリスによる明白な主権侵害を黙認していたことを如実に示す秘密外交文書であった。

もちろん、このような交信がルーズベルトとチャーチルの間でなされていたことが明らかになったのは戦後のことである。ルーズベルト外交にアメリカ国民を騙そうとする悪意の存在をみてとる歴史修正主義の歴史家が明らかにしたものである。彼らは戦後明らかにされた公文書を精査し、帰国したケントから証言を得たのであった。

もし、一九四〇年という大統領選挙の年にこのことがアメリカ国民に知られていたら、大統領弾劾につながるほどのスキャンダルにまで発展した可能性があった。上述した世論の動向に鑑みれば、ルーズベルトは民主党の候補者選考から外れることも十分に考えられた。もちろん、その後の歴史はそのように進まなかった。

ケント自身がイギリス国営放送BBCのインタビュー(一九八二年)で悔恨の情を見せながら答えているように、彼は未熟だったのである。ルーズベルトの行為(チャーチルとの直接交信)がアメリカ国民を裏切るものだと確信していたのであれば、彼は直ちに行動を起こすべきだった。彼の得た情報を、アメリカ国内で孤立主義をリードする議員あるいは団体にすぐに伝えるべきだった。しかし彼はそうしなかった。隠し持った複写文書を無警戒に自宅アパートに保管した。アメリカの、いや世界の歴史までをも変えてしまうほどの行動をタイムリーにとることは、二十代後半の独身青年にはいささか荷が重かったのである。

ロンドンに暮らすケントが女性の友人を作るのは早かった。その一人が英国軍人と結婚していた米国婦人バーバラ・アレンであった。彼女は、ケントを、ロシアの旧貴族が経営するロシアン・ティー・ルーム（Russian Tea Room）と呼ばれる社交場に誘っている。一九四〇年二月二十一日ごろのことである。

一九一七年、ロシア革命によりロマノフ王朝は崩壊した。貴族や軍人の多くが財産を失い国外に逃れた。社交場の経営者ニコラス・ヴォルコフ（Nicolas Wolkoff）もそういった人物の一人だった。革命当時、駐英海軍武官であった彼はロシアに帰国せず、ロンドンで生計を立てることを決めた。ロシアン・ティー・ルームは故郷を失ったロシア人のためにニコラスが作った社交場であった。彼には娘アンナ（Anna）がいた。ロシア語を流暢に操るケントがアンナと親しくなるのに時間はかからなかった。

ケントは後のインタビューで、ロシアン・ティー・ルームを訪れたのは三、四度ほどだったと述べている。それでも、二人は、たちまちドライブを楽しむほどの親密さを見せている。交際を通じてケントは彼女の友人とも知り合うことになる。その友人らはみな、ある政治親睦組織のメンバーであった。

その組織はライト倶楽部（Right Club）といった。本部はロシアン・ティー・ルームのすぐ近くにあった。ライト倶楽部は、反共産主義、反ユダヤ主義を標榜する英国国会議員アーチボルト・ラムゼイ（Archibald Ramsay）によって設立された政治結社であった（一九三九年五月設立）。旧ロシア貴族の娘のアンナが反共組織のメンバーと親密になるのは自然なことであった。

ケントも、共産主義体制の現実を知り、それを嫌悪していただけに、ライト倶楽部のメンバーとの親和性は高かった。ライト倶楽部は、イギリスはドイツとは宥和すべきである、イギリスの真の敵はソビエトロシアであると主張していた。アンナがこの組織のリーダー、ラムゼイにケントを引き合わせたのは一九四〇年四月十日ごろであったらしい。この邂逅がケントの運命を変えることになる。

ライト倶楽部はイギリス諜報組織MI5の監視下にあった。ライト倶楽部は英国ファシスト連合などと同様に親独組織とみなされ、危険視されていた。ドイツとの宥和を主張するグループはみな監視されていたのである。対ドイツ戦争が勃発すると監視体制は強化された。このころのMI5は女性の諜報部員を多用していた。ケントがロンドンに赴任したころには、MI5はすでに数名の女性課報員をライト倶楽部のメンバーとして潜入させていた。

ケントはラムゼイ議員との会話を通じて、議員が、アメリカの対ドイツ戦参戦を強く警戒していることを知る。チャーチルとルーズベルトが密かに参戦を画策しているのではないかと疑っていた。しかし、ラムゼイはそれを示す証拠がないと嘆いていた。これを聞いたケントは次のように考えたらしい。

「彼（ケント）は自らが（アパートに）隠している外交文書の写しをワシントン議会に届けるべき（暴露すべき）だと思っていた。国務省の外交行嚢《こうのう》を使う方法が最も安全ではあるが、ワシントンでの開封時に内容が漏れてしまう可能性が高い。ケントはそれよりもラムゼイ議員のルートを通じて、ルーズベルトとチャーチルの交信の記録を、イギリス国会で暴露させるのがよいと判断したのである[*3]」

ケントはラムゼイとアンナを自宅に招き、保管していた外交文書を二人に見せたのである。ラムゼイは予想どおり強い興味を示している。特に、チャーチルの発した文書については丁寧にメモを取っていった。しかし文書をその場で写真に撮ることはしなかった。

アンナは数日後（四月十三日）、件《くだん》の文書を写真に収めたいとケントのもとを訪ねた。ケントはそれがラムゼイ議員の指示だと考えた。しかし、そうではなかった。アンナにはイタリア大使館駐在武官の友人がいた。アンナはイタリアの外交行嚢を使って、秘密文書を写したネガをドイツに送ることを考えていたのである。彼女がなぜこうした行動をとったのかわからない。ラムゼイの指示があったのか、それとも彼女の個人プレイなのかは不明である。写真は撮ったものの、アンナの計画は頓挫する。友人の武官が病を得、彼との接触が叶わなくなったのである。

アンナはこのことを友人のジョアン・ミラーに漏らしてしまう。ミラーはＭＩ５がライト倶楽部に潜入させていた情報部員であった。この情報はたちまちＭＩ５の上層部に伝えられた。ミラーは、思案するアンナに、ルーマニア大使館につてがあると囁いた。ルーマニア大使館の外交行嚢なら使えるとアンナに伝えたのである。ミラーが上司マックスウェル・ナイトと申し合わせて仕組んだ罠であった。ナイトは後にイアン・フレミングの小説「００７」シリーズに登場する人物のモデルになるほどの、イギリス課報活動の大立者であった。

ＭＩ５は、アンナの入手したネガをルーマニア大使館ルートで実際にドイツに送らせる過程で文書の内容を把握し、その上でアンナのスパイ行為を既成事実化しようと画策した。ＭＩ５にとって、ケントが持ち出した文書がドイツの手に渡ろうと一向に差し支えなかった。彼らがそれを公表したとしても、プロパガンダを目的とした捏造文書であると否定するだけで十分だからであった。こうしてアンナと彼女につながる人物をナチスの協力者として逮捕する環境が整えられていった。捜査状況がナイトを通じてチャーチル本人に伝えられていたことはほぼ間違いない。[*4]

ＭＩ５とスコットランドヤードはまずアンナの逮捕令状をとった（一九四〇年五月十九日）。ケントの家宅捜索はその翌日と決まった。このことは当然ながらケネディ大使に事前に伝えられている。不逮捕特権を持つ外交官の捜査である。大使館の事前了承が必要であった。これには大使も慌てている。部下のスパイ行為だけでも大きな失態である。その上、大使はその部下に外交文書を私的利用のために複写させていたのである。

大使は即座にケントの解雇を決め、外交官の不逮捕特権を奪っている。外交官特権を奪えば、司法手続きも裁判もすべて英国内でのものになる。ケントを外交官特権で庇い、アメリカ国内に戻してしまえば、何もかもが白日の下に晒《さら》されてしまう。しかし、ドイツと戦争状態にあるイギリスにあっては、ケントを裁く審理は非公開になることは確実である。大使が、国務省本省にケントの処分を問い合わせたのは五月二十日のことである。実際には、大使はその時点でケントの処分を終えていた。国務省への問い合わせはケントの解雇が大使の独断でないことを示すためのアリバイ工作であった。

マックスウェル・ナイトがスコットランドヤードの刑事とともにアンナのアパートのドアをノックしたのは五月二十日早朝であった。彼女の部屋からはケントの手紙が発見された。後の裁判で検察側証拠として提出された一九四〇年三月二十一日付のケントの手紙には、もっと多くのライト倶楽部メンバーを紹介してほしいと綴られていた。

アンナの身柄を拘束すると、ナイトらはアメリカ大使館に向かった。大使館には午前十一時十五分に到着した。そこにはケネディ大使の指示を受けた二等書記官フランクリン・ゴーウェンが待ち受けていた。ゴーウェンにはケントの捜索に立ち会うことが命じられていた。ケントのアパートは、大使館から車で五分ほどのところにあった。アパートでの捜索がいかなるものであったか。それはゴーウェンの報告書で知ることができる。[*5]

アパートはグラウセスター・プレイス（Gloucester Place）四十七番地にあった。ナイトらは家主のウェルビー夫人に捜査令状を示すと、ケントの借りている部屋に向かったのである。ケントは部屋にいた。彼の業務は夜勤であった。彼はその夜の仕事を終え、朝八時に部屋に戻っていた。捜査官の一人ピアソンが施錠されていたドアを蹴破ると、ベッドの横で呆然と立ちすくむケントがいた。彼に捜査令状を示したのはナイトであった。隣の部屋ではケントの愛人が彼のパジャマを羽織って震えていた。

その日の捜索で、アメリカ大使館から持ち出された外交文書の写し千四百六十三点が押収された。それらは一九三九年一月から一九四〇年五月までの間に送受信された文書であった。捜査官はもうひとつ重要な証拠品を見つけている。鍵の付いた鞄の中にライト倶楽部のメンバー・リストが保管されていた。ケントを信用していたラムゼイが預けていたのである。捜査陣にとってこれは幸運であった。ケントをアンナと同じナチスのスパイ事件に関与する人物であると主張できる証拠が手に入ったのである。これでケントの逮捕理由を、アメリカ大使館からの公文書持ち出しの罪にしなくてもよくなった。

五月二十四日、ケネディ大使はケント逮捕の顛末をハル国務長官に報告している。*6

「アレクサンダー・マックスウェル（注：MI5を管轄する内務省次官）らの関係者から、本件がプレス（報道機関）に漏れることはないとの説明を受けている。国務省本省におかれても（情報管理には）細心の注意を払っていただきたい」

この前日にはラムゼイ議員が逮捕されている。二十五日までにはライト倶楽部や英国ファシスト連合に所属するメンバーも、その多くがナチスの第五列として拘束されたのであった。

十一月七日、非公開の裁判でケントに判決が下った。七年の懲役刑であった。こうして彼はアメリカの歴史上ただ一人の不逮捕特権を行使できなかった外交官となった。同日にアンナにも十年の懲役刑の判決が下っている。弁護人は、ケントはアメリカ国民に知らされるべき情報を保持していたにすぎないと主張したが、認められていない。アンナとの関係、つまりライト倶楽部と濃密な関係があったことが致命傷であった。こうしてタイラー・ケント事件は、ナチスを支持するグループによる単純なスパイ事件として処理されたのである。

チャーチルはこの事件について一切言及していない。ただ、事件発覚直後にルーズベルトに怪しげな文書を送っている。彼はアメリカの駆逐艦を欲しがっていた。ドイツのUボートの攻撃に対抗する戦力を強化したかったのである。しかしルーズベルトは色よい返事をしていなかった。いかにルーズベルトがイギリスに肩入れしたくとも、アメリカの公式の立場は中立であった。世論を刺激し自らの三選の芽を摘むかもしれない駆逐艦の供与など、できるはずもなかった。ルーズベルトは国内の孤立主義勢力を刺激することは避けなければならない時期にあった。

ルーズベルトが駆逐艦を求めるチャーチルに煮え切らない返事をしたのは五月十六日のことである。これに対してチャーチルは次のようにルーズベルトに訴えた。[*7]

「駆逐艦の案件については極めて残念である。あなたの難しい立場は理解する。ただ、戦いは英仏両国にとって極めて厳しい状況が続いていることはわかってほしい」

この文書が起草されたのは、ケントへの捜索令状が出た五月十九日夜のことであった。[*8]ルーズベルトが、最終的に、旧式駆逐艦五十隻の供与を決めたのは九月二日のことである。イギリスが保有する西インド諸島の軍港やカナダの空軍基地の使用権とのバーターが条件だったとはいえ、ヨーロッパへの非干渉を訴える世論が優勢な時期に、孤立主義者を刺激する危ない決定であった。大統領選挙は二カ月先に迫っていた。

筆者には、この決定にケント事件が関係しているように思えてならない。チャーチルがケント事件を隠密に処理してくれたことに対するルーズベルトの返礼ではなかったかと疑っている。

タイラー・ケントへのインタビューの模様が、イギリス国営放送（ＢＢＣ）によって放映されたのは一九八二年のことである。逮捕から四十年以上も経っている。画面のケントにはもはや美青年の面影はない。自らの行動の幼稚さに悔恨の情を見せていた。それでも、彼自身が垣間見たルーズベルトの干渉主義的外交とアメリカ国民への裏切りに対する憤りは消えてはいなかった。彼が亡くなったのはインタビューの六年後のことであった。

以上がタイラー・ケント事件の顚末である。すでに述べたように、この事件の真相に迫る研究は「歴史修正主義」に立つ歴史家によって進められてきた。ルーズベルトが、首相就任前のチャーチルと何を打ち合わせていたのか。あの大戦の原因を解明しようとする研究者であれば、その全貌を知りたいと思うのは当然である。ルーズベルトの外交が誠実なものであったとする「正統派」歴史家と、ルーズベルト外交に悪意の存在を見て取る「修正主義」歴史家の間で交わされてきた激しい論争の経緯は、『アメリカはいかにして日本を追い詰めたか』の中で詳述したので、ここでは触れないことにする。この事件についても関係資料がすべて公開されているわけではない。これからも両派の論争は続いていくに違いない。

昨年末に公布された特定秘密保護法は、日本にどのような事件を生むのだろう。その際に、政府が示す、あるいは司法が示すだろう「国益」の概念と、「国民の真の利益」との間には必ずや乖離が出てこよう。ルーズベルトとチャーチルの間で交わされた怪しい交信をタイラー・ケントがアメリカ国民に知らせようとした行為は、アメリカの国益に反したのだろうか。それともルーズベルトの「犯罪」を暴こうとした正義の行動だったのだろうか。それは歴史の法廷でしか裁くことができないように、これから発生するだろうわが国における秘密漏洩事件も、後の時代の人々の賢明な歴史判断に委ねる他はないのだろうと思っている。

(「参戦願望を暴いた『超A級スパイ事件』　正統派の歴史解釈に突きつけられたスパイ事件の核心

部分とは」『歴史通』二〇一四年五月）

注

＊1　*History of the Bureau of Diplomatic Security of the United States*, アメリカ国務省 Bureau of Diplomatic Security, 2011, p45.
＊2　Peter Rand, *Conspiracy of One*, Lyons Press, 2013, p33.
＊3　同右、p84.
＊4　同右、p85.
＊5　同右、p110.
＊6　同右、p118.
＊7　同右、p106.
＊8　同右、p106.

日米開戦・民事訴訟なら「ルーズベルトは有罪」（『正論』インタビュー）

「アメリカも開戦責任を負わざるを得ない」という衝撃レポート

――『アメリカはいかにして日本を追い詰めたか――「米国陸軍戦略研究所レポート」から読み解く日米開戦』は、アメリカにおける日米開戦史研究がテーマです。日本では「開戦の責任は日本にあった」とする東京裁判史観、自虐史観が学界やメディアの主流ですが、この本では、それとは相反するアメリカの研究者、歴史家の見解が多数紹介されています。タイトルにもあるように、彼らは「アメリカが日本を追い詰めた結果、日本は真珠湾攻撃に踏み切った」として開戦責任の一半をアメリカに帰しています。本は三部構成ですね。

渡辺　第一部は、本のサブタイトルにある「米国陸軍戦略研究所レポート」の全文です。著者は、米国空軍大学の教官で連邦議会上院軍事委員会専門委員のジェフリー・レコード氏という国防政策専門家です。レポートは、アメリカの通商条約の破棄、石油禁輸、資産凍結と続いた経済制裁で日本は一九四一年夏の時点で経済が破綻し、大国のステータスを捨てて日本に敵対的なアメリカに依存するか、戦争するかの瀬戸際にまで追い詰められており、大国としての誇り、プライドを持つ国であれば前者の選択肢は容認できなかったと、日本の対米戦争決断の動機について結論付けています。その上で、「政治的な対立を現実の戦争にまでエスカレートさせた責任は、ひとり日本だけではなくアメリカも負わざるを得ない」と明確に指摘しています。

――陸軍戦略研究所は、陸軍大学の付属機関です。国の名誉というものを最も重んじる機関とも言える軍の組織で、そうした見解が公的に示されていることには驚きます。

渡辺　アメリカの主流研究機関の一つと言ってもよいでしょう。

――レポートは、日米開戦にいたった経緯の分析から、七つの教訓を導き出しています。その一つが、「経済制裁は実際の戦争に匹敵しうる」というものです。

渡辺　レポートが発表されたのは二〇〇九年です。アメリカは二〇〇八年に北朝鮮に対する「テロ国家」指定を解除しましたが、その後北朝鮮が核実験を繰り返し、韓国を砲撃したり哨戒艦を魚雷攻撃で沈めたりといった軍事挑発をしても、再指定はしていません。もちろん経済制裁は続けていますが、ギリギリまで追い詰めてはいない。このあたりは、レコード氏のレポートの影響もあるのかもしれません。

研究所のレポートは陸軍大学の学生たちの教科書になる可能性があります。レコード氏のレポートはまだ教科書にはなっていませんが、影響力は大きいと考えられます。

――レポートの文脈は確かに「日本悪玉史観」の見直しを迫るものですが、当時の日本の大陸での行動を「侵略」と断じたり、日本には中国を征服し、東南アジアを支配する野望があったと書いたりもしています。この点では従来の「日本悪玉史観」の域を出ていないのでは？

渡辺　確かにそうした記述もありますが、一方で、日本の行動を「資源を自前で確保したかった。大国の地位を領土拡大で作り上げたかった。それは大英帝国がやってきたことと同じであった」と指摘しています。また、アメリカのモンロー・ドクトリン、つまりヨーロッパの干渉を排除して、南北アメリカ大陸を自らのブロック経済圏と規定した政策が「日本の野望の正当化に都合のよい論理を提供した」と書いていることにも注目しなければなりません。日本だけを悪玉として非難するのではない公平な見方だと思います。当時の日本の行動は、欧米諸国がやっていたことと同じだということです。

　直接的な言及ではありませんが、日本の「侵略」の象徴のように言われている満州問題をめぐる当時の日本の意向を、アメリカへの経済依存を脱却したかったのだと指摘し、一方のアメリカは経済的に日本を縛りつけておきたかったとしています。この点も、「どっちもどっち」という評価でしょう。

　レコード氏は「仮にアメリカが当時の日本の置かれた立場になったとして、敵意を持つ国家にその経済を無茶苦茶にされ、国内経済の首根っこを摑まれたままでいることが想定できるだろうか。戦争に訴えるのは当然なのである」とまで書いています。日本に対するフェアな姿勢は疑いないと思います。ただ、正統派の歴史家からも修正主義派の歴史家からも批判されないよう気を遣わざるを得ない立場に著者はいるのです。バランスを保つためにも、日本へのネガティブな記述は必要でしょう。自国の歴史の正当性をめぐる議論は感情的になりやすい。政府機関のレポートとして、そうした論争からは中立であるべきだということも考慮したのだと思います。

無視できなくなっている歴史修正主義

――「正統派」「歴史修正主義」という言葉が出ましたが、第二部は、その両者の論争史を検証しています。レコード氏のレポートでは触れられていない、フランクリン・ルーズベルト大統領（FDR）や彼の政権の日本に対する「悪意」の存在、あるいは「陰謀論」をめぐる論争です。ルーズベルトは、ドイツによって窮地に陥っていたイギリスを助けるためにドイツと戦いたかったが、国民にヨーロッパの戦いに参戦しないと約束していた。そこで、まずドイツの同盟国の日本との戦争を引き起こす必要があった、そのために日本を経済的に追い詰め、日本に「最初の一発」を撃たせたのだ――とみる歴史観です。「アメリカは民主主義のために日本軍国主義と戦った」という正統派史観に対して、こちらは歴史修正主義と呼ばれています。

本書では、古くは戦争中の一九四四年から二十一世紀にいたるまで続けられてきた修正主義と正統派の論争が時系列で紹介されています。アメリカに修正主義の研究者、歴史家がこれほど多数いることは日本では知られていなかったのではないでしょうか。

何より驚いたのは、正統派の側にも、「ルーズベルトは『刑事裁判』では未だ（推定）無罪だが、民事裁判なら有罪の可能性がある」と考える歴史家が現れていることです。

渡辺　ロバート・ビュートーですね。彼自身は、ルーズベルトに陰謀などあったはずがないという立場です。ところが、一九九六年発表の論文で、修正主義派の主張を牽制するために、ある法理論のロジックを援用しています。「大統領の行為に犯罪性があることを論証するには『証拠の優越原則』では不十分だ」と主張したのです。「証拠の優越原則」は民事訴訟で用いられる法理論で、原告・被告双方が出した証拠を比較考量し、どちらの証拠により正しさがあるかを判断するものです。そのうえでビュートーは「修正主義派には『合理的な疑いのない証明』基準を満たすことが求められる」と主張します。こちらは刑事裁判に使われるハードルの高い基準です。つまりビュートーは、修正主義の主張には刑事裁判で有罪認定する基準を満たすだけの正しさはないが、民事訴訟なら勝てる程度の説得力はあると暗に認めているわけです。

日本では、日米開戦をめぐる歴史修正主義はアメリカでは異端視されているかのように受け止める向きもありますが、そうではありません。正統派も無視できなくなっているのです。ただ、歴史修正主義は、ＦＤＲの民主党、リベラルにとっては都合が悪い。アメリカのメディアもリベラルが多いですから、取り上げません。だから日本のメディアも取り上げず、日本には紹介されないのでしょう。

――正統派は修正主義派の主張のどこに「合理的な疑いが残る」と考えているのでしょうか。

渡辺　正統派のジョセフ・パーシコという歴史家は、「たとえ日本に真珠湾攻撃をさせることに成功しても、ルーズベルトは真の目的（対独参戦）を自動的には達成できなかった」ことが、修正主義、陰謀論の最大の欠点だと指摘しています。日独の同盟関係では、日本が攻撃を受けた場合はドイツに参戦義務がありましたが、日本から攻撃を仕掛けた場合、ドイツに自動参戦の義務はなかったのです。日本が真珠湾攻撃で戦争を仕掛けたにもかかわらず日本とともにアメリカと戦うと決断して宣戦布告をしたのは、あくまでヒトラーの側です。ルーズベルトはそれを受けて対独戦を布告したのであって、ヒトラーが対米戦を決断することまでは確定的に予測できなかったということです。

――ただ、その「ヒトラーの決断」の謎に対しても、修正主義派は回答を用意していますね。

渡辺　歴史家のトーマス・フレミングは、真珠湾攻撃直前に、アメリカが検討していた対独戦争計画が新聞にリークされ報道されたこと、真珠湾攻撃後にＦＤＲが「アメリカ政府はドイツが日本を唆《そそのか》したことを知っている」とデタラメな演説をしたことを指摘し、それこそがヒトラーに対米参戦を促す意図的な挑発だった、としています。

確かにＦＤＲの行動は怪しいのですが、ヒトラーには対米参戦しないオプションもありました。ヒトラーがＦＤＲの挑発で決断したことを資料などで証明できない以上、やはり「合理的な疑いは残る」のです。

私は修正主義派の歴史観が真実に近いのではなかろうかと考えています。しかし、「ヒトラーの決断」問題に加えてもう一つ、修正主義派の主張（ＦＤＲ陰謀論）には「合理的な疑い」が残っています。

日本は、石油の禁輸でアメリカに追い詰められたにせよ、植民地解放の理念を掲げていたにせよ、石油が出たりヨーロッパ帝国主義の象徴であったりしたオランダの植民地のインドネシアやイギリス植民地のシンガポールだけを目標にしていればすんだ。ルーズベルト政権がどれだけ日本を追い詰めたとしても、日本がアメリカ領土を攻撃する保証はなかったではないか。日本への石油禁輸に代表される経済制裁と真珠湾攻撃の間には直接的なリンクはない。これが、正統派が提示するもう一つの「合理的な疑問」です。

日本は当時、海軍を中心に「英米不可分論」に取り憑かれていました。イギリスの植民地を攻めたらアメリカは黙っていない、間違いなくアメリカから攻められると考え、最初からアメリカと戦う道を選んでしまった。

しかし、イギリス本土がドイツに爆撃されてもアメリカが対独参戦していなかった現実の歴史をみれば、「英米不可分論」は誤りだったのです。イギリス救済が対日戦争の最大の目的だったと考える修正主義も、このことは説明できていません。

以上の二点は、修正主義が、FDRを刑事裁判の基準でも「有罪」とするうえで大きな壁になっています。未だ非公開扱いの資料もありますし、論争は今後も長く続くでしょう。

ただ、アメリカの知識人がこうしたロジックを使って歴史論争をしていることを日本人も知っておくことが重要です。「ルーズベルトの陰謀論」にアメリカの政治家もジャーナリストも色をなして反発します。それは犯罪性のある刑事事件としてまで有罪にされてはたまらないと考えるからです。彼らも「民事裁判ならルーズベルトは有罪ではないか」と問われれば、苦笑いを見せて頷く可能性が高いのです。

——レコード氏のレポートで気になる記述があります。FDRは対独戦ではソ連の戦力が重要になると考えて日本のシベリア侵攻を憂慮しており、アメリカの対日外交硬化の狙いは日本の関心を南に向けさせることだった、というのです。

渡辺　私は、ルーズベルト政権は社会主義政権だったと思っています。ニューディール政策は社会主義政策そのものですね。その点でもＦＤＲがソビエトを助けたいと考えていたこと、そしてソビエトのスパイや共産主義思想を持つ者が多数ルーズベルト政権の幹部として採用されていたことは、アメリカの知識人にとっては常識になっているのではないでしょうか。

第二のルーズベルトが現れても、第二のフィッシュもいる

――第三部は、ハミルトン・フィッシュという政治家についてです。

渡辺　フィッシュはルーズベルト家と双璧をなすオランダ系ＷＡＳＰの名門の出身で、共和党の下院議員でした。「ルーズベルト大統領はアメリカを社会主義国家、独裁国家に変質させる」と強く批判していました。「アメリカは他国の紛争に介入すべきでない」とする孤立主義者のリーダー的存在でした。

ところが、真珠湾攻撃で態度を一変させます。「真珠湾攻撃」翌日の一九四一年十二月八日（アメリカ時間）、共和党の代表としてＦＤＲの対日宣戦布告演説に続けて演台に立ち、「今は信条や党派を超えて大統領を支えるときである。最高指揮官の大統領を支え、わが軍の勝利に向けて団結するときである」と共和党員や孤立主義者に向けて訴えます。ルーズベルトの宣戦布告を容認したのです。

彼は、戦時中はルーズベルト政権を支えましたが、戦後、再びルーズベルトを批判する立場とな

ります。ルーズベルト政権の対日外交の詳細が明らかになり、特に、「ハル・ノート」の存在が、政権中枢以外には知らされていなかったことに「民主党の議員も共和党議員も欺いた。アメリカ議会を欺いた」と激怒したのです。日本は「ハル・ノート」で最終的に対米開戦を決意しましたが、フィッシュも日本への「最後通牒」だったと受け止めたのです。「(ルーズベルトは宣戦布告演説で)日本政府、日本の天皇と太平洋方面の和平維持の交渉の最中であると語った。しかし議員の誰一人として最後通牒が存在していたことなど知らなかった」と自著*FDR: The Other Side of the Coin*(一九七六年、邦訳『ルーズベルトの開戦責任』)に書いています。

彼は、対日宣戦布告容認演説に臨んだとき、すでに五十代半ばでしたが、「自らも戦場に出る」とまで言っています。本当の愛国者でした。しかし、彼の歴史観は修正主義の立場であり、まだ大多数だった正統派歴史観を信じる政治家やメディアからは相手にされませんでした。

——訳書(原著*Tragic Deception*、一九八三年、邦訳『日米・開戦の悲劇』PHP文庫)が約二十年前に出されていますが、日本でもほとんど知られていませんね。

渡辺　私が彼について特に日本人に知ってほしいのは、次のようなメッセージです。

「私はあの戦争は必要のない戦いだったと思っている……日本政府も日本の国民も戦争を望んでいなかった。もちろんわが国も日本との戦争など望んでいなかった」「日本人はあの戦いを最後まで勇敢に戦った。二度と米日の間に戦いがあってはならない。米日両国は二つの偉大な国家、つまり自由と互いの独立と主権を尊重する国家として手を携えていかなければならない。日本が攻撃されたらわが国は日本を防衛する。それがわが国のコミットメントであり、世界はそのことを知らなければならない」（『ルーズベルトの開戦責任』）

仮に今後、アメリカにルーズベルトのような大統領が出てきたとしても、同時にハミルトン・フィッシュのような政治家もいることを、日本人は忘れてはならないと思います。

中国の軍事力が差し迫った脅威となっている現在、現実的選択として日米同盟で中国を抑止していく必要があります。しかし、その日米同盟を支持しなければならない保守層も、日米の利害が対立するときには反米的な認識になってしまいがちです。ＴＰＰ（環太平洋戦略的経済連携協定）がそうですね。冷静な分析の前に感情的な反発が先行してしまう。歴史認識も、そのような問題の一つでしょう。そんなときにこそ、フィッシュのような政治家がいたことを思い出してほしい。

レコード氏のレポートも、そうした材料の一つだと言えるのではないでしょうか。レポートは、ルーズベルト政権の「悪意」に触れず、誠実に対日外交に取り組んでいたという前提に立っている点では、正統派の考えに立脚しています。しかし、その結論は、修正派の主張とほぼ合致しています。日本人にとって、日米のどちらに開戦責任があったのかという論争の落とし所としても違和感はないのではないでしょうか。

――善悪を巡ってやり合うよりは健全だと思います。

渡辺　こんなことを言うのも、日本は日米開戦について、重要なことを反省していないと思うからです。当時、アメリカ国民の八三％は戦争に反対していました。この強大な世論をなぜ外交の武器として使えなかったのか。フィッシュら孤立主義者が全国規模で組織していた有力団体「アメリカ第一主義委員会」に接触したのでしょうか。外務省はそうした世論を的確に分析し、政府中枢に伝えていたのでしょうか。最後通牒が真珠湾攻撃の後になってしまったという在ワシントン大使館の失態よりも、八三%の世論を生かせなかった政治家たち、外務省の稚拙な外交能力のほうが問題だと思います。相手国の首脳の言動など一部の情報だけを見て対応すると、同じ過ちを繰り返しかねないのです。

〈聞き手:『正論』小島新一〉

(「BOOK LESSON特別版 日米開戦・民事訴訟なら『ルーズベルトは有罪』ここまで変わった米国の戦争史観」『正論』二〇一四年三月)

大統領の嘘に対する怒りと悔恨

日米戦争の原因を冷静に遡ればヨーロッパで始まった戦争（一九三九年九月）に起因していることは間違いない。そのヨーロッパの戦いの原因はドイツとポーランドの、バルト海に面した港町ダンツィヒの帰属をめぐる争いだった。もともとドイツの前身であるプロシア領であったダンツィヒは、ベルサイユ条約（一九一九年）によって独立したポーランドが外交権を得たことで「自由都市」となり、ドイツから分断されたが、そこに暮らす九〇パーセントの住民はドイツ系であった。

ヒトラーはポーランドに対してダンツィヒの返還を要求した。そしてドイツ領から飛び地になっているこの港町へのアクセス権（ポーランド回廊問題）を要求した。ウッドロー・ウィルソン米大統領が第一次世界大戦後のパリ講和会議で主張した民族自決原則からすれば、ヒトラーの要求に理があると考える政治家はイギリスにもアメリカにも多かった。機甲化されたドイツ陸軍とその航空戦力を考えたら、ポーランドはドイツとの外交的妥協を求めた方が賢明である。多くの政治家はそう考えた。本書『ルーズベルトの開戦責任』の著者であり、当時下院議員をつとめていたハミルトン・フィッシュもそうした政治家の一人であった。

ドイツにとって、ダンツィヒ帰属問題の解決は、過重な賠償をはじめ、敗戦国ドイツに対するべルサイユ条約の不正義からの回復運動の完成を意味した。これによってドイツ国民の恨みは解消できるはずであった。フィッシュらは、ヒトラーのナチス政権はダンツィヒ帰属問題を終結させ次第、その矛先をソビエトロシアに向けると考えていた。二つの全体主義国家は必ずや壮絶な戦いを始めるだろうとみていたのである。ヒトラーは、何度もダンツィヒ問題の外交的解決を図ろうとしていたし、同時に、英仏とは戦いたくないというメッセージを発していた。

ドイツは第一次世界大戦ではイギリスの海上封鎖に苦しんだ。食料不足で多くの国民が餓死し、それが社会主義者の跋扈《ばっこ》の呼び水となり内部から崩壊した。ヒトラーが、第一次大戦の苦しみの記憶から、食料も石油資源も豊富な東（ウクライナ方面）を目指すだろうと多くの政治家は予想していた。だからこそ、彼らの外交常識からすれば、ポーランドはドイツと妥協し、場合によってはドイツに協力して共に東進するオプションもあるはずだった。ソビエトはポーランドにとって十分に危険な国であった。しかし、ポーランドはなぜか意固地にヒトラーの要求を拒否した。

ポーランドの頑なな外交姿勢に業を煮やしたヒトラーが、犬猿の仲であったソビエトと独ソ不可侵条約（一九三九年）を締結したのは、ポーランドの強硬姿勢の背後にイギリスとフランスがいることを確信したからであった。ポーランドの独立維持は英仏の安全保障になんの関係もなかった。ダンツィヒをドイツ領に戻したとしても、英仏の安全が脅かされるはずもなかったのである。

ハミルトン・フィッシュは第一次世界大戦に参戦した。黒人部隊（第三六九連隊：通称ハーレム・ヘルファイターズ）に属する一中隊（K中隊）の指揮官として戦った。死を覚悟した激戦の中を運よく命拾いして帰国できた。それだけに、第一次大戦後に出来上がったベルサイユ体制の不正義に敏感であった。アメリカの伝統に反してヨーロッパのいざこざに介入した結果が、ベルサイユ体制であった。ベルサイユ会議での国境線引きはとても公平とはいえなかった。ヨーロッパ各地に憤懣の火種を撒き散らした。ダンツィヒ帰属問題はその典型であった。

アメリカ国民の多くが、ダンツィヒ帰属問題で、英仏がなぜドイツに宣戦布告したのか理解できなかった。英仏はポーランドに対して、その独立を守るためにもドイツとの妥協点を探るべきだとアドバイスすべきではなかったのか。アメリカ国民は、英仏がいったい何を目的にドイツに宣戦布告したのか皆目見当がつかなかった。

戦争目的のわからないヨーロッパの戦いに、参入したいと思う国民がいるはずもない。ヨーロッパでの戦端が開いても、アメリカは介入すべきではないと考えるものがほとんどだった。八割以上の国民だけでなく、与党民主党が圧倒的多数のワシントン議会でさえも七五パーセント以上の議員が非干渉を主張していたのである。一九四〇年の大統領選挙では、フランクリン・デラノ・ルーズベルト（ＦＤＲ）ら大統領候補はヨーロッパ問題への非介入を公約とせざるを得なかった。ルーズベルトは投票日（十一月五日）直前のボストンの演説で次のように訴えた。

私はこれまでも述べてきたように、そしてこれから何度でも繰り返すが、あなた方の子供たちは外国の地での戦争に送り込まれることはけっしてない（一九四〇年十月三十日）。

ヨーロッパの戦いに介入したいルーズベルトは参戦のための準備を進めていた。それについては

『アメリカはいかにして日本を追い詰めたか』の中で詳述したのでここでは詳しく触れないが、端的に言えばルーズベルトはニューディール政策の失敗による経済的打撃から回復したいがために参戦を考えていたのである。これをより深く論証するにはルーズベルトとニューヨーク金融資本家との関係を探らなければならない。すでにアメリカにはいくつかの優れた研究がある。それについては機会をあらためて紹介したいと考えている。いずれにせよ、アメリカが参戦する制度的準備は整っていた。しかし圧倒的な、ヨーロッパ問題非干渉を願う世論を前にルーズベルトは身動きがとれなかった。

一九四〇年九月に発足したアメリカ第一主義委員会は、防衛力の強化には理解を示しながらも、アメリカ自身が攻撃されない限り、ヨーロッパの戦いにアメリカの若者を送ってはならないと主張し、全米各地に支部を設け、その会員数は八十万を超えていた。アメリカ第一主義委員会のスポークスマンの役割を果たしていた飛行冒険家チャールズ・リンドバーグはマジソンスクエアガーデン（ニューヨーク）やソルジャーフィールド飛行場（シカゴ）で演説し、集まった数万人の聴衆を熱狂させていた。

> われわれはこれまで英仏両国が支配するヨーロッパと付き合ってきた。ドイツが戦いに勝利すれば、今度は、ドイツの支配するヨーロッパと付き合えばよいだけの話である。[*1]

ルーズベルトは彼らの活動に苦虫を噛みつぶしていたのである。

こうしてアメリカ国内ではヨーロッパ問題非干渉の強い世論が形成されている中で、日本の真珠湾攻撃が起こる。一九四一年十二月七日早朝（ハワイ時間）のことである。アメリカ国民は、ルーズベルト政権の対日外交などには関心はなかった。ヨーロッパでの現在進行形の戦いだけに目を向けていた。アメリカ国民にしてみれば後ろから鈍器で頭を殴られた感覚であった。日本の在米資産の凍結も、対日石油禁輸にも強い関心はなかった。ましてや、日米戦争の危機感を強めた近衛文麿首相がルーズベルトとの直接会談を望んでいることも、最後通牒の性格を強く持ったハル・ノートが日本に手交されていたことも知りはしなかった。

ルーズベルト大統領が、日本に対して宣戦布告を議会に求めたのは真珠湾攻撃の翌日のことであった。その演説は次のようなものであった。

昨日すなわち一九四一年十二月七日、わが国は大日本帝国の海軍空軍兵力によって突然の、かつ入念に計画された攻撃を受けた。十二月七日はわが国の「恥辱の日」として記憶されることになろう。

わが国と日本は平和状態にあり、同国政府および天皇と、太平洋方面における、和平維持に向けて交渉中であった。

実際、日本の駐米大使らは、日本の航空隊がオアフ島攻撃を開始してから一時間後に、直近のわが国の提案に対する公式回答を国務長官に手交したのである。この回答には、これ以上の外交交渉の継続は無益であると述べられているが、戦争行為あるいは武力行使を示す言葉は含まれていなかった。

日本とハワイの距離に鑑みれば、この攻撃には何日もの、いや何週間もの周到な準備があったことは明白である。そのことはしっかり記憶されなければならない。この間に日本は、和平の継続を望むという姿勢を見せて、わが国を欺いたのである。昨日のハワイ諸島への攻撃で、わが海軍及び陸軍は甚大な損害を被った。残念であるが、多くの国民の命が失われた。加えて、ホノルルとサンフランシスコを結ぶ公海上でも、わが国の艦船が魚雷攻撃を受けたとの報告があがっている。

昨日、日本はマレーを攻撃した。昨晩香港を攻撃した。フィリピンを攻撃した。ウェーク島を攻撃した。そして今朝、ミッドウェー島を攻撃した。

日本は太平洋全域にわたって奇襲攻撃を実行したのである。昨日そして本日の日本の行動が何を意味するかは自明である。わが国民はすでに意思を固めた。（日本の攻撃が）わが国の生存と安全にどのような意味を持つか理解している。

私は陸海軍の最高司令官として、わが国の防衛のためにできることはすべて実行に移すよう命じたところである。われわれは、わが国に対して行われた攻撃の（卑怯な）性格をけっして忘れることはない。

（拍手）

日本の入念に準備されたわが国への侵略に対する戦いに、どれほどの月日が必要であっても、正義の力をもって完全なる勝利を実現する。

（拍手）

われわれは全力で国を守り抜かなければならない。そして二度とこうした欺瞞に満ちた行為によってわが国の安全が脅かされてはならない。私は（日本の攻撃にいかに対処するかについて）どのような思いを国民とそして議会が持っているか、十分に理解していると信じる。（中略）

私は議会に対して、一九四一年十二月七日日曜日の、挑発されていないにもかかわらず、わが国を卑劣にも攻撃した事実をもって、合衆国と大日本帝国は戦争状態に入ったことを、宣言するよう求める。

（拍手）

このルーズベルト演説に肯定的に応えたのが、ヨーロッパから帰国後下院議員に選出され、野党共和党の重鎮の一人になっていたハミルトン・フィッシュ議員であった。彼はアメリカ第一主義委員会の主張に賛同していた。その彼が、ルーズベルトに続いて次のように演説し、議会に対して、対日宣戦布告容認を訴え、ルーズベルト大統領支持を呼びかけたのである。

私は（日本に対する）宣戦布告を支持するためにこの演台に立たねばならないことを悲しく思う。そして日本に対して腹立たしい気持ちで一杯である。私はこの三年間にわたって、わが国の参戦にはつねに反対の立場をとってきた。戦場がヨーロッパであろうが、アジアであろうが、参戦には反対であった。

しかし、日本海軍と航空部隊は、不当で、悪辣で、恥知らずで、卑劣な攻撃を仕掛けてきた。日本との外交交渉は継続中であった。大統領は、日本の天皇に対してメッセージを発し、ぎりぎりの交渉が続いていた。日本の攻撃はその最中に行われたのである。このことによって対日宣戦布告は不可避となった、いや必要になったのである。

参戦の是非をめぐる議論のときは終わった。行動するときが来てしまった。

干渉主義者もそうでない者も、互いを非難することをやめるときが来た。今こそ一致団結して、大統領と、そして合衆国政府を支えなければならない。一丸となって戦争遂行に邁進しなければならない。日本の（信義を裏切る）不誠実なわが国への攻撃に対する回答はただ一つ。完全なる勝利だけである。われわれは血も涙も流さねばならないだろうし、戦費も莫大になろう。しかし、日本による一方的なわが国領土への攻撃に対しては戦争によって対処するしかなくなった。

私は再三再四、外国での戦争にわが国が参戦することに反対を表明してきた。しかし、わが国が攻撃された場合、あるいは合衆国議会がアメリカの伝統である憲法に則ったやり方で宣戦を布告するなら、大統領および合衆国政府を最後の最後まで支援しなければならない。

日本民族は、神が破壊せしもの（民族）に成り果てた。日本人は気が違ってしまったのである。一方的な軍事攻撃を仕掛けてきたが、これはまさに国家的自殺行為である。私は先の大戦で志願して戦った。このたびの戦いにも時期をみて志願するつもりである。そして今度も黒人部隊に入って戦いたいと考えている。

国を守るためにはどんな犠牲を伴っても致し方ない。気の触れた悪魔のような日本を完膚なきまでに叩き潰すためには、どのような犠牲であれ大きすぎることはない。

戦いの時は来た。手を携え、堂々とアメリカ人らしく戦いを始めよう。そしてこの戦争は、たんにわが国に向けられた侵略に対する防衛の戦いというだけではない。世界に、自由と民主主義を確立するための戦いであることを知らしめよう。勝利するまで、わが国はこの戦いをやめることはない。

国民に、そしてとくにわが共和党員や非干渉主義を信条とする者たちに訴える。今は信条や党派を超えて大統領を支えるときである。最高指揮官の大統領を支え、わが軍の勝利に向けて団結するときである。

わが国の外交はつねに正しくあれ。万一間違っていることがあろうとも、アメリカは祖国なのである。

こうして日米戦争が始まった。この四日後の十二月十一日にはヒトラーは国会で演説し、アメリカに宣戦布告した。ヨーロッパの戦いはアメリカとアジアを巻き込んだ世界大戦となったのである。フィッシュが対日戦争を容認したことでアメリカ第一主義委員会の活動は停止した。

ルーズベルトは一九四四年の選挙でも勝利（四選）すると、ドイツと日本の敗戦後の世界の枠組みをチャーチルとスターリンとの間で話し合った（ヤルタ会談：一九四五年二月）。それは世界の半分を共産化することを暗黙に認めたもので、自由主義諸国への裏切りであった。チャーチルは参加していたものの、ルーズベルトを手玉に取るスターリンに何の抵抗もできなかった。戦争の始まりがポーランドの自由と独立の保持にあったことなどもはやどうでもよいことだった。そして、その会談のわずか二ヵ月後にルーズベルトは世を去ったのである。

ルーズベルトにとって、その立場を変えてまで対日宣戦布告を容認したフィッシュには恩があるはずだった。しかし、かねてからフィッシュがルーズベルトの進める経済政策（ニューディール政策）を批判し、ルーズベルトの恫喝的政治手法を嫌っていたこともあって、ルーズベルトは彼を政治の世界から葬ることを決めた。一九四四年の下院議員選挙で、フィッシュの選挙区の区割（ニューヨーク州）を変更させ、フィッシュの選挙が不利になるよう、ニューヨーク州に圧力をかけた。典型的なゲリマンダーの手法であった。その結果フィッシュは敗れた。

ルーズベルトの死後、彼の対日外交の詳細と日本の外交暗号解読の実態が次第に明らかになり、ハル・ノートの存在が露見すると、フィッシュは臍《ほぞ》をかんだ。窮鼠（日本）に猫を噛ませた（真珠湾攻撃）のはルーズベルトだったことに気づいたのである。彼は、対日宣戦布告を容認する演説を行ったことを深く愧《は》じた。彼は、ルーズベルトに政治利用され、そして、議席を失ったのである。

ルーズベルト外交の陰湿さが戦後の研究で明らかになると、フィッシュのルーズベルトへの怒りは日に日に増していった。しかし、彼は自重した。母国アメリカが世界各地で共産主義勢力と対峙している現実を前にして、既に世を去っていたとはいえ、自国の元大統領の外交の失敗を糾弾することはできなかった。

長い沈黙の末、彼がようやくその怒りを公にしたのがこの書である。上梓された一九七六年は、真珠湾攻撃からすでに三十五年が過ぎ、ルーズベルトの死からも三十一年が経っていた。フィッシュ自身も既に八十七歳の高齢であった。世を去る前に本当のことを書き残したい。その強い思いで本書を出版したのである。

読者におかれては、あの戦いで命を失ったアメリカの若者の父や母の視点も忘れずに、本書を読んでいただきたい。著者が語っているように、「天使も涙する」ほどの手口でアメリカを参戦に導いた元大統領の政治手法にあきれてしまうに違いない。そして同時に、本書に記される内容がアメリカの為政者にとって、どれほど都合が悪いかも理解できるに違いない。

本書はルーズベルト外交を疑うことをしない歴史家からは「歴史修正主義」の書と蔑《さげす》まれている。「歴史修正主義」という言葉はプロパガンダ用語である。ルーズベルトの政治は正しかったとする「ルーズベルト神話」に挑戦する本書に、「歴史修正主義」というレッテルを貼ることは無意味である。歴史修正の是非は、あくまで真実を探ろうとする真摯な心を持つ者だけに許される判断である。

フランクリン・ルーズベルトが最も嫌い、そして最も恐れた男の語る歴史から何が読み取れるのか。それについては「訳者あとがき」〔注：本書二三九—四六頁〕で語りたいと考えている。

（『ルーズベルトの開戦責任』「訳者まえがき」草思社、二〇一四年）

注

＊1　Michael Fullilove, *Rendezvous with Destiny*, The Penguin Press, 2013, p90.

局地戦を拡大させた大統領の特異な性格

今年（二〇一五年）は先の大戦が終わってから七十年目の節目の年である。七十年という長い歳月が経過したにもかかわらず、日本人はいまだにあの戦争をなぜ戦うことになったかを問い続けている。ただその問いのほとんどが国内事情に向けられている。日本の指導者、それは政治家であり軍人であるが、彼らが愚かだった、あるいは明治憲法に欠陥があったといった分析は枚挙にいとまがない。

それでも日本人の多くは、そうした研究が導き出す答えに満足できない。日本人は自らが温和な民族であることを知っている。優しい民族が誤った指導者によって大陸への進出を決めてしまった、中国大陸への戦線を拡大させてしまった。あの時代は狂っていたとする分析に説得力を感じない。何か変だと思う。その理由は、どれほど日本の愚かさを赤裸々に分析しようが、それはあくまで日中戦争の原因を書いているにすぎないからである。

日中戦争の始まりをどこにするかの議論はあろう。満州事変（一九三一年）に起源を求める研究者もいるだろうし、上海事変（一九三二年、一九三七年）にその始まりを見る者もいるかもしれない。しかし日中両国がどれほどいがみ合っても、そして現実に干戈《かんか》を交えていても、それはあくまで日中の局地戦である。その戦いにアメリカが参入しない限り太平洋戦争（大東亜戦争）になりはしなかった。

アメリカは在米資産凍結（一九四一年七月二十五日）、石油全面禁輸（同年八月一日）、そして中国からの全面撤退を要求したハル・ノート手交（同年十一月二十五日）と、日本を執拗に追い詰める外交攻勢をかけた。これらの施策はもはや外交と呼べるものではなかった。このどれ一つとっても現代の視点から見れば、戦争行為そのものであった。あの戦争の始まりは日本の真珠湾攻撃ではない。真珠湾攻撃はアメリカ対日外交政策の結果であって、日米戦争の原因ではない。

フランクリン・ルーズベルト大統領はドイツにも冷たかった。彼の対ヨーロッパ外交は、ドイツとの妥協の道を探る動きをことごとく妨害するものだった。対独融和を実現し、最も危険な国ソビエトの防波堤としてドイツを利用すべきだと主張する政治家はイギリスにもアメリカにも多かった。そうした声をルーズベルトは、盟友ウィンストン・チャーチルとともに抹殺した。

ヒトラーはベルサイユ条約の不正義解消を目指して政権を運営し、その総仕上げが自由都市ダンツィヒの回復であった。ポーランド領土に囲い込まれたドイツ人の港ダンツィヒが回復できれば、ドイツは東に向かうことを明らかにしていた。

ヒトラーは『我が闘争』の中でも、イギリスとは同族であり、けっして戦いたくないと書いていた。ヒトラーはドイツ国家生存のためには東に向かい、ウクライナの穀倉地帯やコーカサスの油田地帯を征圧しなくてはならなかった。アメリカとはもちろん、英仏ともヒトラーは戦いたくなかった。ヒトラーは英仏が、ポーランド支援の名目で対独宣戦布告した後も繰り返し講和のきっかけを探っていた。

つまり歴史を真摯に見つめれば、「個人の自由を奪う全体主義国家」のレッテルを貼られた日独などの枢軸国の「悪行」をどれほど丹念に研究しても、二つの限定戦争が世界大戦となる原因はわからないのである。

ヨーロッパと極東における局地戦争を世界大戦に拡大させたのは、あくまでフランクリン・ルーズベルトだった。彼の外交は和平を模索する「フリ」はするが、けっして平和を求めてはいない。外交交渉で妥協点を見出したいヒトラー政権との交渉のテーブルに着かせないようにポーランドに圧力をかけたのは、ルーズベルトの意を受けたウィリアム・ブリット駐仏大使であった。ルーズベルト政権が、ポーランドに交渉のテーブルに着くことを勧めた時期は、ドイツの軍事行動がもはや止められない時期であった。

対日交渉も同様である。ルーズベルトは、首脳会談を望む近衛文麿首相の懇請を拒否し続けた。近衛はなんとか外交交渉での妥協の場を探っていた。ルーズベルトが本当に戦争回避を願っていれば、日本との首脳会談を真剣に考慮することもできた。しかしその気配を感じさせる行動は一切とっていない。そうでありながら、突然、真珠湾攻撃の直前に天皇宛てに和平を願うメッセージを発した。もはや引き返しのつかない時期に和平を探るかのようなアクションをとる工作が対日外交でも使われた。

あの大戦の原因を探るには、「フランクリン・ルーズベルトの外交とはいかなるものだったのか」と問うところから始めなければならない。その作業は簡単ではない。最高権力者の意思決定には複合的な要因が重なる。ピンポイントでその原因を語ることは誰にもできない。しかし、その作業の出発点だけはわかる。大統領はいかなる人物であったかを考えることである。

フランクリン・ルーズベルト大統領は、行政府の長であると同時に軍の最高指揮官である。先の戦争で日本は二百万人以上が命を失った。そうでありながら、日本が戦った男がどのように政権を奪取し、維持し、死んでいったかを知る日本人はほとんどいない。その理由は、先に書いたように、あの戦争の原因を日本の国内事情だけで語ってきたからである。それは言ってみれば、「井戸の中から空を見て」天気予報をするようなものである。滑りやすい井戸の壁を登って地上に出てこそ、天空全体が観察できるのである。

本書『ルーズベルトの死の秘密』は、日本が戦った男フランクリン・デラノ・ルーズベルトとはいかなる人物であったかを理解するための入門書である。日本人が「井戸の外」に出る第一歩となる書である。

本書の執筆者は医学者スティーヴン・ロマゾウとジャーナリスト、エリック・フェットマンの二人である。メインテーマはフランクリン・ルーズベルトの真の死因を探ることにあるが、けっして医学的謎解きの書ではない。彼がいかにして政権を奪取したか、死に至る病を抱えたルーズベルトがどう政権を維持したか、そして政権要路、医師、メディアあるいは大統領を囲む女たちがそれにどう関わってきたかが語られる。さらには、彼の死の場面や亡骸の処理の模様までが赤裸々に描かれているのである。ここまで書ききった書はアメリカでもこれまでになかった。

もちろん、本書を読むだけで一気に井戸の外に出られはしない。それでも、少なくとも井戸の外に出ることの大切さを伝えてくれる。これ以上ここで語るのは読者に対して失礼になる。翻訳者として、歴史研究者としての感想は巻末に記すことにする〔注：本書二三九―三六頁〕。

（『ルーズベルトの死の秘密』「訳者まえがき」草思社、二〇一五年）

なぜ戦後アメリカはルーズベルト批判を許さないのか

読者の多くは本書『ルーズベルトの死の秘密』を日本人の視点で読んだはずです。ですから、その読後感も日本人としてのものになります。それでは、アメリカ国民であったらどのように感じるのでしょうか。アメリカには皇室がありません。大統領は世俗の権力の頂点に立つと同時に権威の象徴でもあります。大統領は国家元首であり、国柄そのものです。彼の振る舞いもそれにふさわしくなくてはなりません。国民がそれを期待するからです。

翻って日本は、国家元首は天皇であり、天皇が国柄を象徴します。世俗の権力からは超越し、切り離された存在です。ですから、日本人は、最高権力者（内閣総理大臣）に対して、どのような批判を加えても心が痛みません。総理大臣は、ただ世俗権力のトップに立っているだけですから、彼への批判がブーメランのように批判者自身に還《かえ》ってこないからです。

しかしアメリカ国民にはそのような贅沢はありません。大統領批判は、国そのものを批難し、国民自身をも批判することになるからです。ですから、どうしても大統領批判には慎重になります。常に躊躇《ため ら》いの気持ちと戦いながらの大統領批判にならざるを得ないのです。アメリカ歴代大統領にはあまり感心できない人物もいます。それでも彼らに対する批判は、少なくとも日本の論調に比べれば、いたってマイルドです。

さて、本書の著者二人の心理はどのようなものだったでしょうか。本書のテーマはフランクリン・ルーズベルト（ＦＤＲ）の本当の死因を探ることにありますが、著者はそれだけではなく、大統領の生き方までも書いています。おそらくＦＤＲの性格まで、あるいは信条にまで踏み込まなければ、死因にまつわる謎も解けないと考えたのでしょう。

著者たちも述べているように、ＦＤＲは自身の病気に対して受け身ではありませんでした。「病を自らねじ伏せる」という強烈な自信を持っていたのです。その特異な個性ゆえに、彼を取り巻く医師も政権幹部も親族も、そして彼を愛した女たちも振り回されました。そして彼の進めた外交にまで影響を与えたのです。この書を読んだアメリカ人の多くが、このような人物にアメリカの政治と外交を四期も任せた歴史があったことに愕然としたに違いないのです。

スターリンにヨーロッパの東半分を差し出した「ヤルタ会談」は、戦後アメリカ国内でも強い批判を浴びています。本書で語られるＦＤＲの病状からすれば、おそらく、会談に臨んだ大統領の頭脳のほとんどは論理的思考機能を停止していた可能性があります。ヤルタ会談の写真に写るＦＤＲは深刻な表情を見せ、指導者の威厳を保っています。しかし本書から読み取れる彼の容態から、会談の実態は完全にスターリンの一人舞台であったろうことが窺われます。

このような大統領を描写することは、アメリカ人の著者として心苦しかったでしょう。著者たちも述べているように、本書の中心テーマがＦＤＲの真の死因を探ることにあったとしても、政治的意味合いを持つことは避けられません。冒頭に述べたように、大統領は国柄そのものの表徴です。

本書に記された大統領の姿が本当であるはずはない、とアメリカ人読者が反発してもその心情は理解できるのです。

読者の多くが「歴史修正主義」という用語を知っているはずです。この用語には、第二次大戦以前にはネガティブな意味合いはありませんでした。公的な歴史解釈に間違いがあると考える歴史家は、比較的自由に自らの意見を開陳することができました。

たとえば、第一次大戦の戦後処理を決めたベルサイユ会議（一九一九年）に対して、歴史家のシドニー・B・フェイは、「すべての責任をドイツ及びその同盟国にあり、としたベルサイユ条約で下された判決はごまかしである」（『第一次大戦の起源』一九二八年）と批判しました。アメリカ建国の父たちは、ヨーロッパ問題に介入してはならないと国民を戒めていました。その戒めを破ってウッドロー・ウィルソン大統領はヨーロッパの戦いへの介入を決めました（一九一七年）。そしてベルサイユ会議ではすべての責任をドイツ一国に押し付け、ヨーロッパの国境は民族問題にほとんど配慮せずに引かれたのです。それが後の第二次大戦の火種になったのですから、フェイの指摘は正鵠を射ていたのです。

ベルサイユ体制の欠陥を指摘したフェイの解釈は次第に広がりを見せ、アメリカ国民の多くが「やはりヨーロッパの揉め事には介入すべきではなかった」と思うようになったのです。ですから、ナチスドイツが、ポーランドに侵攻（一九三九年九月）しても、イギリスへの空爆（一九四〇年九月）を始めても、国民の八〇パーセント以上がアメリカの参戦を拒否したのです。

ルーズベルト大統領は、強硬な対日外交を梃子《てこ》にして、結局はアメリカの参戦を実現しました。

「全体主義の悪魔のような国」であるドイツと日本を降伏させ、米ソ英中の四カ国で世界をコントロールすれば平和が訪れると考えていたFDRは、ソビエトを友国と扱い、徹底的に支援したのです。彼は政治家として誰もが舌を巻くほどの演説の名手でした。その甘い声は電波に乗って、アメリカ参戦の正当性をアメリカ国民に訴えました。

しかし、現実には防共の砦となっていたドイツと日本が倒れると、ソビエトが猛烈な勢いで世界に共産主義を拡散していきました。東ヨーロッパ諸国は次々と共産化し、一九四九年には中国に共産党政権が成立しました。その翌年には朝鮮戦争が始まります。この戦争をアメリカは実質一国で戦わなくてはなりませんでした。

それまでのアメリカであれば、かつてのフェイがそうだったように、歴史家がFDRの外交を批判しても一向に構わないはずでした。現実の世界の状況は、彼の外交の間違いをはっきりと示していたのです。ところがそうはなりませんでした。FDRの外交を批判することが、まるで悪行であるかのような、いやもっと言えば、反アメリカ的な行為のような空気が生まれたのです。そして、FDR外交を批判する歴史学者には「歴史修正主義者」という言葉が浴びせられることになったのです。かつては歴史修正に善悪の価値観はありませんでした。フェイがそうだったように、歴史解釈が間違っていれば修正されるのは当たり前でした。もちろん冒頭に書いたように、アメリカ人にとっては自身への批判になるだけに、その方法は慎重にそして丁寧なものになったはずです。しかしFDRの外交についてだけは批判を一切許さなくなりました。批判的な学者たちに対して、侮蔑の意味をこめた「歴史修正主義者」のレッテルが貼られるようになったのです。

なぜアメリカはそんな空気に突然覆われてしまったのでしょうか。私はＦＤＲの外交があまりに愚かだったからではなかったかと推察しています。ＦＤＲがアメリカの先人の知恵にならってヨーロッパ問題非介入の外交をとっていれば、ポーランドをめぐるヨーロッパ方面の戦いも、中国での日中の戦いも局地戦で終了し、関係国間で落とし所が見つけられた可能性が高かったのです。

ＦＤＲは戦いの当事者にならず、善意の第三者として仲介役を買って出ることができる立場にいました。アメリカのもつ強力な（潜在的）軍事力は、仲介に大いに力を発揮したはずです。そうすることで、ＦＤＲは和平維持に大きな貢献ができたはずなのです。しかしＦＤＲの外交には、緊張を高めることはしても、それを緩和する作業は全くと言っていいほど見られません。それがなぜなのかについては先人の多くの研究がありますから、機会があれば日本の読者に紹介したいと考えています。

いずれにせよアメリカはＦＤＲ外交の結果、多大な犠牲を払い、戦いに勝利したにもかかわらず、たちまち、ただ一国でソビエトの主導する世界革命（世界の共産化）に対峙しなくてはならなくなりました。大戦終了後わずか五年で、再び朝鮮半島にアメリカの若者を送り出さざるを得なくなったのです。

そんな状況の中で、ＦＤＲの外交は間違いだった、アメリカは四十万人の戦死者も七十万人の負傷者も出すことなどなかったのだ、と歴史家に批判されたら国が持たないほどの窮地に立たされてしまっていたのです。当時のアメリカの孤独感と危機感は、国家安全保障会議（National Security Council）の機密文書ＮＳＣ68号（一九五〇年）からも類推することができます。

「このままクレムリンの支配下に入る地域が増え続ければ、彼らとの戦いに、我が国と同盟を組む相手さえいなくなるだろう。この危急の時期にあって、我が国はまだ優勢にある。アメリカ国民は立ち上がらなければならない。我が国が直面している危機は我が国の存亡にかかわるだけではない。文明そのものの将来がかかっている。我々は今あれこれ考えている余裕はない。アメリカ政府と国民は断乎とした態度で運命的な決断を下すときに来ている」[*1]（傍点筆者）

これが朝鮮戦争勃発時のアメリカの心情だったのです。傍点部にある「我々は今あれこれ考えている余裕はない」という文章がいみじくも示しているように、ルーズベルト外交の是非を悠長に議論している余裕などアメリカにはありませんでした。歴史学者に「防共の砦となっていたのはドイツと日本ではなかったか。それを破壊したのはルーズベルト外交である」などと主張されたら、朝鮮に若者を送り出す正当性まで崩れてしまいます。ヨーロッパでも共産主義者の動きは活発で、いつ再びヨーロッパで戦いが始まってもおかしくありませんでした。

そうした世界情勢の中で、FDR外交を批判的に語ってはならないという空気がアメリカの言論空間に生まれたのです。修正主義という用語に倫理性の意味合いを付加して、FDR外交批判に蓋をしました。私には、この方針を指導した特定の個人がいるとは思えません。おそらく時代の危機感の中で、そうした空気が自然発生的に醸成されたのではないでしょうか。

アメリカの主流に属する組織もこの空気を作るのに一役買っています。ロックフェラー財団[*2]もスローン財団も「歴史修正主義者」の研究にはけっして資金を出そうとしませんでした。[*3] アメリカ外交に現在でも強い影響力を持つ外交問題評議会（ＣＦＲ）も、ルーズベルト外交を批判的に解釈する「歴史修正」を拒否したのです。クリントン元大統領、コンドリーザ・ライス元国家安全保障問題担当補佐官、スーザン・ライス国連大使らは、みなＣＦＲの会員です。政治家だけでなくリチャード・ブッシュ三世のような東アジア外交立案に関与する立場にいる研究者もメンバーとなっています。ＣＦＲは現在でも大きな影響力を持っています。ＦＤＲ外交を批判してはならない。批判するものは「歴史修正主義者」である。この空気はいまでもアメリカの言論空間を厚く覆っています。[*4]

日本が「南京虐殺事件」や「慰安婦（売春婦）問題」について反論すれば、アメリカの主流メディア（とくにリベラルを標榜する『ニューヨーク・タイムズ』紙など）が色をなして怒りを見せるのは、〝日本は悪の国であった〟という評価に変更を加えさせたくないのです。アメリカによって潰されるべき国であった、という歴史理解に修正がなされるようなことをさせたくないからです。この関門が崩れると、ルーズベルト外交批判を閉じ込めていたパンドラの箱が開いてしまいます。

〔注：この点について興味のある方は本書「『歴史修正主義』と叫ぶレッテル貼り外交との戦い」を参照されたい〕

アメリカの歴史学者の多くが、今でもフランクリン・ルーズベルトは一流の政治家であったと著しています。しかし、歴史解釈に善悪の判断を持ち込まず、史実をベースにルーズベルトを冷静に語る史書も増えてきました。本書もそうした一群の書のひとつに分類されます。二人の著者もルーズベルトの行動を冷めた目で分析してはいますが、ルーズベルト個人を善悪の基準で批難するようなことはしていません。彼の政治と個性を、彼の患った「病」を通じて分析しているだけなのです。このような書に「歴史修正主義」のレッテルを貼ることがいかに意味のないことかよくわかると思います。

「訳者まえがき」に書いたように、日本国内の太平洋戦争（大東亜戦争）の分析は、国内事情を語り、日中戦争の原因を語ることがほとんどでした。しかしそれだけでは「井戸の中から天気予報をする」ようなものだと書き、外に出ることを勧めました。本書だけで、井戸の外に出て、頭上に広がる天空を観察することはできません。それでも、たとえば、「あの戦争はフランクリン・ルーズベルトという、アメリカの歴史上でも極めて特異な政治家によって起こされた側面が強い」という解釈に対して、それに同意できないとしても、少なくとも聞く耳だけは持てるに違いありません。

（『ルーズベルトの死の秘密』「訳者あとがき」）

注

＊1　Stephen Kinzer, *The Brothers: John Foster Dulles, Allen Dulles, and Their Secret World War*, Times Books, 2013, pp96–97.

＊2　the Rockefeller Foundation.

＊3　the Alfred P. Sloan Foundation.

＊4　*Revisionism and the Historical Blackout*, Mises Institute, February 17, 2010. http://mises.org/library/revisionism-and-historical-blackout

Ⅳ　干渉主義外交の代償

ベトナム戦争終結、建国二百年、「世界の警察官」への疑義

本書『ルーズベルトの開戦責任』が出版された一九七六年は、アメリカにとって特別な年であった。アメリカ十三州がフィラデルフィアで開催された大陸会議で独立宣言を採択して二百年目の節目の年であった。採択のなされた七月四日は毎年独立記念日とされ、イギリスからの独立を祝う行事で全米各地が賑わうが、この年のお祭り気分は尋常ではなかった。この前年にベトナム戦争が終結していた。実体はアメリカの惨めな敗北であったが、国民は十五年にもわたった泥沼の戦争に終止符が打たれたことを素直に喜んでいた。戦争終結の喜びの余韻を残したまま、アメリカは建国二百年を迎えたのである。

ニューヨークの港は世界五十五カ国から祝福にやってきた艦船で溢れていた。中でも目を惹いたのは大型帆船の雄姿であった。地元アメリカ船籍の帆船に加え、ノルウェー、デンマーク、スペインあるいは旧ソビエトの帆船も姿を見せていた。総計二十一隻の中には日本から参加した「日本丸」の姿も見えていた。この日の夜にあがった無数の花火はマンハッタンの摩天楼だけでなく、港内に優雅にマストを林立させた帆船群の姿をも鮮やかに浮かび上がらせていた。

建国二百周年を祝う、時の大統領はジェラルド・フォードであった。この共和党大統領はかつて

アメリカ第一主義委員会のメンバーであった。同委員会の、ヨーロッパの戦争への非干渉の主張に共鳴するエール大学法学部の学生であった。日本の真珠湾攻撃を受けてアメリカ第一主義委員会の活動が停止してから三十五年が経った。非干渉主義者であったフォード大統領の時代にベトナム戦争が終結し、建国二百周年を祝うことになったのは何かの巡り合わせかもしれなかった。

第二次世界大戦はアメリカの非干渉主義勢力を壊滅させ、アメリカを世界の警察官に変貌させた。ベトナム戦争の敗北は、多くのアメリカ人に、アメリカの戦後外交は正しかったのかを改めて問うていた。そして建国二百年祭は、アメリカを世界の警察官に変貌させた大統領フランクリン・ルーズベルトの外交を再検証すべきではないかとの機運に火を点したのであった。

これが、ハミルトン・フィッシュが本書を一九七六年に出版することを決めた背景であった。アメリカは十三州がまとまって作り上げた「合衆国（合州国）」であった。次第に連邦政府がその力を強めてきたが、州権を尊重すべきだとの考えは根強かった。ジェファーソン大統領（第三代）がそうした考えを持っていたことから、州権に重きを置く政治家はジェファーソニアンと呼ばれている。フィッシュもジェファーソニアンであった。彼らは必然的に議会の力を重視する。大統領は連邦政府（中央政府）の長である。したがって、ジェファーソニアンは、大統領に権限が集中することを嫌った。

フランクリン・ルーズベルトは、大統領に権限を集中させた。その集中は一九二九年に発生した恐慌（不況）からの脱出を名目にしたニューディール政策を実行する過程で進められた。ルーズベルトが見出した若手経済ブレーン集団（ブレイン・トラスト）は次々に国家社会主義的な性格をもった連邦政府組織を設立し、議会のコントロールがきかない予算を手中にしていった。どのような組織が生まれたかは本書に詳しい。ＮＲＡ（全国復興庁）、ＡＡＡ（農業調整局）、ＴＶＡ（テネシーバレー開発公社）などの頭文字三文字の新組織が潤沢な予算を与えられ、景気回復に努めた。新組織の配分する資金がルーズベルトの権力を強化したのである。しかし、こうした組織は景気回復に何の効果も生みはしなかった。一九三七年にはあらたな不況に襲われ、一千万を超える失業者が世に溢れた。

本書でも述べられているように、ニューディール政策を推進した経済ブレーンは社会主義思想を持つ者が多かった。中には後にソビエトのエージェントであったことが判明した者もいた。ルーズベルトがスターリンに無警戒だった理由もここにあった。共和党政権が承認を拒んでいたソビエトロシアを、大統領就任早々に承認（一九三三年）した事実は、ルーズベルト政権のソビエトとの親和性が極めて高いことを示していた。

フィッシュは共産主義を嫌っていた。全体主義の権化である共産主義思想が州権を尊重する思想と馴染むはずもなかった。フィッシュがアメリカ国内の共産主義活動の調査委員会をワシントン議会に発足させたのは一九三〇年のことである。この委員会はフィッシュの名をとってフィッシュ委員会と呼ばれた。大統領への権限の集中を嫌い、ソビエト（共産主義思想）を警戒するフィッシュが、ルーズベルトの政治に批判的になるのは自然の成り行きであった。

ルーズベルトにとって、ハミルトン・フィッシュの存在は実に不都合であった。上記のような思想的な違いに加え、フィッシュは家系的にもルーズベルト家に遜色ない典型的なオランダ系ＷＡＳ

P（ホワイト・アングロサクソン・プロテスタント）であった。ニューヨーク周辺に多かったオランダ系WASPはニッカーボッカーと呼ばれているが、フィッシュ家はルーズベルト家と双璧をなすニッカーボッカーの名門だった。

フィッシュの祖先は、ニューヨークがオランダの植民地時代のオランダ総督にまで遡ることができたし、彼の祖父はグラント政権時代の名国務長官であった。その上、ハミルトン・フィッシュには輝かしい軍歴があった。前線に出て現実に戦い、シルバー・スター勲章まで授与されている。フィッシュは、ルーズベルトのように、ふかふかの椅子に座って軍事を語る、いわゆる「肘掛椅子に座った軍国主義者（armchair jingoist）」ではなかった。軍歴だけではない。学歴も全くひけをとっていない。ハーバード大学法学部に学び、フットボール部のスター選手であり、さらには成績優秀な学生だけが入会を許される排他的親睦組織ポーセリアン・クラブのメンバーでもあった。ルーズベルトもハーバードに学んだが平凡な成績で、勉強も好きではなかった。

すべての分野で、ルーズベルトに劣等感を感じさせるフィッシュは、野党共和党の重鎮であり、ヨーロッパの戦いに介入したいルーズベルトの干渉主義的外交をことごとく「妨害」した。フィッシュはルーズベルトにとって厄介な政敵であった。さらにルーズベルトを刺激したのは、ニューヨークの自邸がフィッシュの選挙区内にあったことである。権力を掌握したルーズベルトにとって、フィッシュは獅子身中の虫であった。それも大型の虫であった。だからこそルーズベルトはフィッシュを「最も恐れ、そして激しく嫌悪」したのである。

ルーズベルトはただ一点においてフィッシュを上回る才能を持っていた。それは「政治屋」としての能力であった。ヨーロッパの戦いへの非介入を願う八〇パーセントを超える世論と、七五パーセントのワシントン議会の議員の意向を逆転させるために、自身が「最も恐れ、そして激しく嫌悪」する男を利用したのである。日本を経済的に追い詰めたうえ、アメリカへの完全なる隷属か戦争かの二者択一を迫る「ハル・ノート」を、議会に隠したまま日本に手交した。その結果、日本は真珠湾を攻撃した。ハル・ノートを知らされていないフィッシュもアメリカ国民も、日本は気が触れたと怒りに震えた。ルーズベルトの行った対日宣戦布告を求める演説に続いて、フィッシュに対日戦争容認演説をさせることに成功したのである。非干渉主義のリーダー的存在であったフィッシュ議員の演説の効果は絶大であった。そのことはその後の歴史が示している。

ルーズベルトの死後、彼の外交の実態が次々に明らかにされていった。ルーズベルトはハル・ノートを隠していただけではなかった。なぜポーランドは強大なドイツの軍事力を前にして、他のヨーロッパ諸国もあきれるほど頑なにドイツとの妥協を拒んだのか。イギリスやフランスが、なぜその安全保障になんの関係もないポーランドを守るためにドイツに宣戦布告したのか。そうした当たり前の謎を氷解させるルーズベルトの対ヨーロッパ外交の実態が明らかになったのである。

私には、フィッシュがいつの時点で騙されたことを確信したのかわからない。それがいつであったとしても、フィッシュはその怒りをすぐには公にはできなかった。もちろん怒りを公にすることは自らの愚かさをさらけ出すことであったから、それなりの躊躇はあっただろう。しかし、公にできなかったのはそのようなパーソナルな理由ではない。ルーズベルト外交のもたらした異形な世界、つまり共産主義者の跋扈《ばっこ》する世界が出現していたからである。中国が共産化し、朝鮮戦争ではアメリカの若者が再び血を流す羽目になった。そしてベトナムでは泥沼の戦争が続いていた。「それみたことか」とルーズベルトを非難することはいつでもできた。しかしフィッシュはアメリカの若者が戦っている現実を前にしてそれができなかった。抑制し続けた怒りを爆発させるためには一九七六年まで待たなくてはならなかった。一九七六年の持つ意味は冒頭に記したとおりである。

本書の日本語訳の発表が奇しくも二〇一四年になったことも何かの因縁であると私は思っている。この年は第一次世界大戦勃発から百周年にあたる。ヒトラーのポーランド侵攻（一九三九年）から始まったヨーロッパの戦いも、真珠湾攻撃（一九四一年）から始まった太平洋方面の戦いも、その原因は第一次世界大戦にあった。しかし、第一次大戦の原因はよくわからない。昨年（二〇一三年）頃から、アメリカやカナダの書店には、あの戦争の原因を探る書が溢れ始めた。それらを読んでも原因をピンポイントに説明できていない。

オーストリア皇太子夫妻の暗殺事件は、たしかにきっかけとはなった。しかし、ヨーロッパ諸国が戦いを始めるきっかけとなり得る事件は、それまでにも多々あった。モロッコでもバルカン半島でも複数回の衝突危機があった。なぜそのときには自制したヨーロッパ諸国が、一九一四年六月の暗殺事件では抑制的態度がとれなかったのか。書店に並ぶ多くの書は懸命にそれを解き明かそうとするが、どれも腑に落ちないあとづけの説明でしかない。

暗殺事件の起きた日曜日（一九一四年六月二十八日）はのんびりしたものであった。暖かい陽気に恵まれたパリ郊外のロンシャン競馬場には、ポワンカレ大統領が訪れ、その横には駐仏オーストリア大使の姿もあった。ドイツのキール軍港ではイギリス艦隊が表敬に訪れ、親善行事を繰り広げていた。そこにはご自慢のヨットで駆けつけたヴィルヘルム二世の姿があった。ドイツ参謀総長のモルトケも温泉療養に出かけていた。ヨーロッパのどこにも緊張した雰囲気は見られなかった。それにもかかわらず、皇太子暗殺事件をきっかけにして、ヨーロッパ諸国は戦いを始めてしまった。そこにいたるまでの彼らのさまは、まるで、ふらついて歩く「夢遊病者（sleepwalkers）」のようだった[*1]（クリストファー・クラーク）。

原因をピンポイントで説明できない戦いに、どの国が不正義を働いたかなど決められるものではない。しかし、アメリカの支援を取り付けることを外交目標としてきたイギリスは、ドイツを完全な悪玉にするプロパガンダに成功した。フィッシュが命を懸けた戦いも、所詮はイギリスに利用されたアメリカの参戦がもたらしたものだった。アメリカが参戦さえしなければ、ヨーロッパ諸国の力関係で、どこかに落とし所を見出していたにちがいない。彼らは国境の線引きがいかに難しいか熟知している。彼ら自身が戦争の終結のための線引きをしていれば、あとに残る恨みも少なくなったはずであった。

一九一四年は、アメリカがヨーロッパ問題非干渉の伝統を破った第一次世界大戦の勃発の年であり、今年はそれから百年目の節目の年なのである。期せずしてこの年に日本の読者に本書を紹介できることになったのも歴史の偶然である。

本書を読了された読者の多くが、これまで理解していた歴史観への疑問が湧いたのではないか。英チェンバレン首相の対独宥和政策は、弱腰外交の代名詞となっているが、それは正しい評価なのか。ドイツとの宥和政策が成功していれば、ドイツはソビエトに矛先を向ける可能性が高いとみていた多くの政治家の存在はなぜ隠されているのか。ドイツとソビエトの戦いの必然性を理解していた政治家にとっては、ドイツが独ソ不可侵条約を結んでもなおソビエト侵攻（一九四一年六月）に打って出るだろうことは予想できた。本書は私たちの頭の中に根を下ろした通説の歴史観にも挑戦しているのである。

ルーズベルト外交は正しいとする史観（ルーズベルト神話）に疑義を呈する本書は、「正史」（コインの表側）に対する「外史」（コインの裏側）である。本書の原題が *FDR: The Other Side of the Coin* とされているのは、そういう意味である。「正史」を信じる歴史家に無視されてきた本書を、二〇一四年という節目の年に翻訳上梓できたことは訳者として望外の喜びである。フィッシュが亡くなったのは一九九一年のことだった。本書が、日本の読者に、より広い視点で歴史を解釈するヒントを与えることができたら、泉下のフィッシュも必ずや笑顔を見せるに違いない。

（『ルーズベルトの開戦責任』「訳者あとがき」）

注

＊1　Christopher Clark, *The Sleepwalkers*, Allen Clark, 2013.

岸信介はなぜ〝安保反対〟に怯まなかったのか

二〇一五年春、本書『ダレス兄弟』の訳稿をほぼ完成させた私は御殿場に向かった。御殿場には岸信介元首相の邸（東山旧岸邸）があり一般に公開されている。本書には、ダレス兄弟の対日外交の詳細はほとんど書かれていない。わずかに半頁（三二四頁）ほどの記述である。それでもどうしても御殿場に行きたかった。

山々に咲いた桜は満開だったが、小雨に濡れ、時折吹く強い風に湿った花弁が舞っていた。桜の季節とはいえ、雨天の平日だっただけに邸内は閑散としていた。一通りの見学を終えた私は、一階の広い居間に据えられたどっしりとした革製のソファーに座ることができた。案内の方の好意であった。ソファは岸元首相が実際に使ったものだった。そこからは、木立をくり抜くようにできた空間に広がる質素な和風庭園を望むことができた。

六〇年安保の時期は、私は小学生になったばかりだから何があったかは後になってから見た映像や書籍でしか知らないが、私にはなぜ岸元首相が、あの騒乱にひるむことなく耐えられたのかが不思議で仕方なかった。政治家の精神とはそれほど強いものなのか。それとも岸が特別に強靱な精神力をもつ政治家だったのか。それがずっと気になっていた。私には本書を通じてその答えが出たような気がした。

岸の対米外交は対ダレス兄弟外交であった。岸内閣は一九五七年二月から一九六〇年七月まで続いた。本書の後半でその時代のダレス兄弟外交が赤裸々に語られている。冒頭に書いたように、この書では対日外交はほとんど語られないが、岸が対峙した二人の男の心理と彼らの目指した外交が赤裸々に描写されている。

ダレス兄弟の外交は、著者キンザーが詳述するように、親米か親ソ（親共）かの二者択一を迫るものであった。中間的態度は許されなかった。民族主義を背景とした非同盟主義は、ダレス兄弟にとっては親ソ的態度と何ら変わることはなかった。岸は、旗幟を鮮明にせざるを得ない立場にあった。徹底的に親米の立場をとらない限り、二人の逆鱗に触れただろうことが容易に想像できる。

ドイツと日本は戦前、戦中期において、アメリカの顔色を窺わざるをえず、また一方で共産ソビエトの脅威に晒されていた。両国の指導者は、アメリカがなぜあれほどまでにソビエトに宥和的だったのか。いやそれ以上になぜソビエトを同盟国としたのか。あの時期においてこの問いに答えることは出来なかった。フランクリン・D・ルーズベルト政権の要所要所にソビエトのスパイや、容共的高官が潜り込んでいたことが明らかになるのは戦後になってからのことである。

二十世紀初めにおいては、アメリカはけっして顕在的には軍事大国ではなかった。例えばワシントン海軍軍縮会議（一九二二年）で決められた主要艦（戦艦）の保有比率はアメリカ5、イギリス5、日本3であった。イギリスはアメリカと同規模の海軍を保有していた。日本は確かに3ではあったが、日本の海軍は太平洋を守るだけでよかった。二大洋（太平洋、大西洋）を守らなければならないアメリカに対して遜色ない海軍力を持っていた。

それでもイギリスはアメリカの巨大な潜在的軍事力にいち早く恐怖した。イギリスは、植民地としてのアメリカを失ってからも、アメリカと角逐を続けていた。南北戦争では南軍に肩入れしていたイギリスは、対米戦争一歩手前までいった（トレント号事件）[*1]。その後も、サモア危機（一八八七年から八九年）やベネズエラ危機（一八九五年）などと続き両国は激しく対立した。

しかし、こうした対立を経てイギリスが出した結論は、アメリカの主張には、それがいかに強引で道理が通らないものであってもけっして武力衝突になるような抵抗はしない、アメリカ自身が間違いに気づき自ら是正するのを待つ、というものだった。アメリカが軍備拡張をすると決めれば、たちまち他国を圧倒する軍事大国になる国であることを知っていたからである。けっしてアメリカを敵にしてはならない。それがイギリス外交の基本となった。

ジェイムス・ブライス英国駐米大使からそのような方針の変換があったことを幣原喜重郎は聞いている。幣原が、アメリカ西海岸で活発化する反日本人運動に対処するため駐米大使館に赴任していた時期のことである（幣原の米国赴任は一九一二年）。

アメリカは、完成したばかりのパナマ運河（一九一四年）の通行料金を米国船籍だけには課さないことを決めた。これは、英国との間にあった、英国船との無差別待遇の約束を違えるものだった。英国海運に大打撃を与える決定であった。ブライス大使にとっては苦虫を嚙みつぶすような屈辱であったが、これを外交問題にしないことを決めた。

カリフォルニア州の日本人移民に対する扱いは明らかに日米通商航海条約に違背していた。法律論をベースにアメリカと交渉を重ねる幣原に、ブライス大使は隠忍自重を勧めた。歴史家でもあった彼は幣原に次のように諭した[*2]。

「日本は（カリフォルニア州の反日本人政策への反発で）アメリカと戦争する覚悟でもあるのですか。そう考えているとしたら大きな間違いです。そんなことでアメリカと戦争する価値、つまり日本の命運を懸ける価値はありません。私があなたの立場であれば（たとえアメリカのやり方が理不尽であったとしても）忘れてしまうようにするでしょう」

「アメリカの歴史を振り返れば、この国が他国に対してアンフェアな態度をとったことは少なくありません。ただ忘れてはならないのは、こうした不公平な態度は、（外国政府から）抗議や抵抗がなされずとも、アメリカ自らが是正してきた事実があることです。われわれはその時がくるのを辛抱強く待つべきことを歴史が教えています。カリフォルニア州の反日政策についても（アメリカに非はあるが、日米の外交問題とせずに）そうした日が来るのを待つべきだと私は思います」

独立宣言も合衆国憲法も確かに素晴らしい「作品」である。その作品を世界に遍《あまね》く広めようとするアメリカ人の性癖にいち早く気づき、アメリカがどれほど「凶暴な福音を説教する国」になりえるかを悟ることができたのは、イギリスがアメリカの宗主国であったからに違いない。彼らは過激とも言える清教徒思想を持った国がアメリカであることを知っていた。アメリカは合衆国憲法の精神を広めようとしながらも、国益のためには時にそれを平気で踏みにじる国であることがわかっていた。ブライス大使はこの傾向を見抜く一方で、アメリカの民主主義制度には、そうした間違いを自ら是正する力があることを信じたのである[*3]。

アメリカとは対立しない外交に舵をきったイギリスは、二つの大戦を自ら起こしておきながら（両大戦とも宣戦布告したのはイギリスであった）、アメリカを同盟国にすることに見事に成功したのである。イギリスにはそのように舵をきれる余裕があった。すでにインドをはじめとした数々の植民地と、世界の海洋覇権を牛耳る軍港を各地に作り上げていたからである。

しかしドイツと日本はイギリスのように思い切った親米への外交方針の転換は出来なかった。両民族のプライドもあった。そして何よりも、両国には石油を筆頭とした資源がなかった。だからこそ日本は満州を目指した（不幸なことにそこには油田はなかったが）。ドイツは東方に石油と耕作地を求めた。両国のこうした海外膨張政策がアメリカの不興を買い、先の大戦で敗れた。戦後、日本もドイツも徹底的に親米となった。アメリカの軍事力に叩きのめされた二つの敗戦国には、失うべきプライドはもはやなかった。言ってみれば思う存分親米政策を取ることができた。

トルーマン政権の後に続いたアイゼンハワー政権の外交を担ったのがダレス兄弟だった。敬虔な宣教師の家庭に育ち、プリンストン大学を卒業し、国際法務事務所で働く経験を持つ二人は、アメリカという国柄をそのまま体現するキャラクターであった。徹底的なアメリカの国益（アメリカ資本）追求と、アメリカ的民主主義を宗教者の熱情を持って拡散しようとした。兄弟は、国務長官だった祖父と義理の叔父からアメリカ政治の本質をじっくり学んだエリート中のエリートであった。二人の強烈な自信は、外交（交渉）相手に曖昧な態度をとらせなかった。世界の国が取り得る立場は親米か親ソかの二つしかなかった。

二人が悪魔の国とした、つまり全体主義の権化と見做したソビエトを、そのような大国にしたのがアメリカ自身（フランクリン・D・ルーズベルト大統領）であったことさえも忘れてしまったような反共ぶりであった。日本とドイツはもともと共産主義の恐怖を戦前から認識していただけに、ダレス兄弟の反共姿勢に追随することは難しくはなかった。ただ、アメリカは戦う相手を間違えたのではないかという苦々しい気持ちを内に秘め、その感情を抑えるだけでよかったのである。

しかし、戦後独立したり民主化した国は違った。ベトナム（ホー・チ・ミン）、インドネシア（スカルノ）、キューバ（カストロ）、イラン（モサッデク）、グアテマラ（アルベンス）、コンゴ（ルムンバ）も合衆国憲法に理想を見た。そしてそれをそのまま信じたのである。合衆国政府が、憲法に縛られながらも、常に国益（アメリカ資本）をその上位に置いてきた歴史に疎かった。彼らは、かつてウッドロー・ウィルソン大統領が掲げた民族自決原則を信じた。彼らには、解放者として現れたアメリカが、ピストルを持った宣教師であることなど想像もできなかった。

こうした国々の指導者は親米でもなく親ソでもない道こそが彼らの採るべき方針だと信じた。しかし、ダレス兄弟はその道をとることを許さなかった。民族主義は、共産主義者の隠れ蓑であると深く疑った二人は親米の立場を明確にしないことを許さなかった。それをしない国には、CIAが工作を仕掛けた。アレン・ダレスがどのようにCIAを創生し、いかなる破壊工作を仕掛けたか、そしてアレンの兄ジョンが率いる国務省や大統領がどう関与したかは本書に詳しい。

冒頭に、岸信介邸を訪れたことを書いた。岸の使ったソファーに深く腰を下ろしたことも書いた。私には本書の翻訳作業を通じて彼の心情の一端がわかるような気がした。岸は、はっきりと親米の立場を取れることが幸運だったと思っていたのではないか。戦前において、どれほど対米戦争を避けたいと思ったとしてもイギリスほどに割り切った親米路線をとれるはずもなかった。しかし、彼の時代はそうではなかった。確固たる親米路線をとっても、国政が混乱することはなかった。六〇年安保の際に、国会を取り巻いた激しい反対派のデモの喧騒も、世界最強の軍事力を持つアメリカに安全保障を委ねられる安堵感に比べたら、ほとんど意に介する必要のない雑音ではなかったか。

アメリカの現在の外交も、本書で明らかにされたダレス兄弟外交と変わるところがない。オバマ外交の推進役だったヒラリー・クリントン前国務長官が自らの外交の経験を綴った書を昨年上梓した（*Hard Choices*。邦訳は『困難な選択』日本経済新聞社）。彼女は自らの進めた外交が如何に困難なものだったかを書き綴ってはいるが、世界にアメリカ型民主主義を広めることの是非について真剣に悩んだ形跡はない。彼女にとってはそうすることがアプリオリに正しいことなのである。

宗教戦争が激化する中東諸国は少数派が政権を握っているケースが多い。そうした国の為政者にとってはアメリカの進める民主化の導入は死刑宣告にも等しい。アメリカ主導のアラブの春がもたらしたものは、イスラム原理主義グループの台頭であり、またシリアからの大量難民である。アメリカは民主主義の定着を標榜しながら、民主主義国家ではないサウジアラビアを擁護する。また東欧では、到底民主主義国家とは言えない腐敗の横行するウクライナを支援し、ＮＡＴＯ加盟を目論み、プーチンのロシアと無用な角逐を続けている。

それでも私はアメリカに期待したいと思っている。ジェイムス・ブライス英国駐米大使が幣原にいみじくも語ったように、アメリカには、自己の間違いを自ら矯正する力があると信じるからである。それがいつになるのかわからない。国際リベラリズムを標榜するヒラリーに代表される民主党には期待できそうもない。共和党主流派の考えも似たようなものだ。現在行われている共和党大統領候補の座を巡っての選挙戦でも、候補の大半がオバマ外交は手ぬるいと批判する始末である。ブライス大使の見立ては間違っているのではないかと思わせるほどの状況である。

しかし、過度に干渉主義的な外交を見直すべきだとの動きは消えてはいない。上述の共和党大統領候補選でも、わずかに一人だけであるがランド・ポール議員（ケンタッキー州）がそれを訴えている。ポール議員の支持層は伝統的保守への回帰を目指すティーパーティー系の人々である。そしてまた、本書の著者スティーブン・キンザーもそうした一群に属する一人である。彼は、ダレス兄弟はアメリカ国民の意識をそのまま映し出す鏡だと主張する。だからこそ、ダレス兄弟の進めた外交をしっかりと検証しなくてはならないと訴えるのである。こうした動きが消えない限り、私もブライス大使の見立てを信じたいと思っている。

（スティーブン・キンザー著『ダレス兄弟』「訳者あとがき」草思社、二〇一五年）

注

＊1　トレント号事件：一八六一年十一月に北軍海軍が英国船トレント号を臨検し、乗船していた南軍外交官を拘束し連行した事件。

＊2　「幣原喜重郎とその時代・第二章」岡崎研究所、一六頁（翻訳渡辺）
http://www.okazaki-inst.jp/2012/06/post-87.html

＊3　同右、この論文ではその力を「the so-called self-restorative power of democracy」と表現している。

ヒラリー・クリントンを悩ますもう一つのスキャンダル

クリントン嫌い（Clinton Haters）

読者もご承知のとおり、昨年（二〇一四年）十一月の米議会中間選挙では、予想どおり共和党が勝利した。その結果、上院でも下院でも共和党が多数派となった（上院：共和党五十三、民主党四十六、帰属保留一、下院：共和党二百四十四、民主党百八十六）。民主党は上院で五十五議席から九議席を失って少数派に転落し、もともと少数派であった下院でも十三議席を失った。この選挙結果がワシントン議会に反映されるのは、本年三月以降になるが、オバマ大統領の政権運営はますます難しくなる。国民の関心は早くも二〇一六年の大統領選挙に移っている。

共和党の大統領候補レースは混戦だが、今のところジョージ・ブッシュ大統領の弟ジェフ・ブッシュ（元フロリダ州知事）、クリス・クリスティー（ニュージャージー州知事）、ランド・ポール上院議員などが有力である。一方の民主党はジョー・バイデン副大統領、ヒラリー・クリントン前国務長官、エリザベス・ウォーレン上院議員の名が挙がっている。中でも、日本でも知名度の高いヒラリー前国務長官は、世論調査で他の民主党候補を圧倒している。昨年十月の世論調査（ＡＢＣニュース）では六四パーセントの支持があり、二位のバイデン副大統領の一三パーセントを大きく引き離している。ヒラリー・クリントンが民主党の大統領候補となる可能性は高い。

しかしアメリカ国民の中には彼女を毛嫌いする世論も根強い。「クリントン嫌い（Clinton Hater）」という新語が一般名詞化しているように、生理的に彼女を受け付けない層がある。ヒラリーは過去に数々のスキャンダルを切り抜けてきた。一九九二年にニューヨーク・タイムズ紙が報じたホワイトウォーター・スキャンダルは、クリントン夫妻が投資していたホワイトウォーター開発会社の事業破綻に際して、夫ビル・クリントンが知事権限を不法に行使し、損失を回避しようとしたのではないかとされる事件だった。大統領となったビルが、ホワイトハウス研修生モニカ・ルインスキーと起こした不倫スキャンダル（一九九八年）では、ヒラリー夫人は健気に夫を庇ったものの、二人が〝仮面夫婦〟であることが公知となった。

アメリカは皇室（王室）をもたない。世俗の長である大統領が同時に国家元首であり、その国柄をも象徴する。国民はその範を大統領夫妻に求める。それがいかに非現実的であったとしても、相思相愛の仲睦まじい夫婦であることを望む。公の場でどれほど仲良く手をつなぐ姿を見せても、国民の脳裡からモニカ・ルインスキーの影は消えない。クリントン夫妻をめぐるスキャンダルの積み重ねが、国民の間に少なくない「クリントン嫌い」を生んだのである。その国民の心情を再び刺激する新たなスキャンダルがヒラリー・クリントンを悩ませている。

ヒラリーの病と「世界の警察官外交」

ヒラリーが第六十七代国務長官の職から公式に離れたのは二〇一三年二月一日のことである。かつてライバルであったオバマ大統領に感謝の意を述べながら、およそ四年にわたって務めた職から去った。「我が国は、世界の幸福の実現（筆者注：民主主義政治の実現のことを指していると思われる）に向けて（世界中からの）期待を一身にあつめている。（我が国外交が）今ほど重要なときはないと考えている」とオバマ大統領に宛てた別れの親書に書いた。今後もアメリカは世界の警察官の役割を果たすべきだ、とのメッセージである。

フランクリン・ルーズベルトの外交がアメリカを介入主義の国に変貌させたことは、ルーズベルトの政敵ハミルトン・フィッシュの書（『ルーズベルトの開戦責任』）に詳しい。しかしアメリカ国民の間には、世界の警察官の役割に辟易する層が増えた。小さな政府を志向するティーパーティー運動が共和党支持者の間に燎原の火のごとく広がりを見せ、無視できない勢力になった。彼らが共和党内の一勢力として台頭してきただけに、ヒラリーの先のメッセージはティーパーティー支持者への挑戦状ともとれる。彼女が民主党大統領候補に選出されれば、従来どおり世界の警察官外交を進めたい既得権益層と、小さな政府を志向する勢力のあいだでの大きな論争となり、それが次期選挙の重要な争点になることは間違いなかろう。

なぜヒラリーは職を辞したのかについてであるが、公式には体調不良のためとされている。一昨年（二〇一二年）十二月に彼女は入院した。原因は脳血栓であったとされるが、彼女の病の真相は闇に隠れている。ヒラリーはこの疾患で何らかの後遺症を患っているとする共和党の攻撃に対し、治療に携わっていないはずの脳神経科医が、脳障害の痕跡はないと反論した。両党の舌戦はすでにヒートアップしている。

大統領候補となる政治家の健康状態は、どこまでの情報公開がなされるべきかについては熱い論争が交わされてきた。一九四四年十一月、フランクリン・ルーズベルト大統領が死に至る病の存在を隠し通したまま四選を果たした。体力も精神力も極度に萎えた大統領が世界の半分をスターリンに与えてしまったヤルタの悲劇（ヤルタ会談）の前例があるだけに、アメリカ国民にはヒラリーの真の病状を知らされるべきであろうが、おそらくそのようにはならないだろう。有力政治家の体調そのものは古来、政争の具であるだけに、それも致し方なかろう。

米国では、ルーズベルト大統領がいかにその重篤の病をひた隠し、四選を成したかについて研究が進んでいる。私は、今春にはその成果の一部を翻訳し、日本の読者に紹介する予定である（『ルーズベルトの死の秘密』。二〇一五年三月、翻訳出版）。世界の警察官の役割の維持・強化を目指すヒラリーの外交方針と、彼女自身の病については共和党からいっそう厳しく責められることになろうが、彼女をそれ以上に悩ます可能性のあるスキャンダルがある。それは「ベンガジの惨劇」の責任を回避しようとして隠蔽工作を仕掛けたのではないかと、いま彼女は疑われているのである。

ベンガジの惨劇

ベンガジの惨劇は、二〇一二年九月十一日にリビア東部の都市ベンガジで米国大使（クリストファー・スティーブンス）ほか外交官および護衛の計四人がイスラム過激派に襲われ死亡した事件である。スティーブンス大使は国務省でもアラブ通で、アラビア語に精通し、差異が微妙な方言まで操ることができた。当時彼には、追放された独裁者ムアンマル・カダフィが隠匿していた大量の武器の行方を追うミッションが課せられていた。このころリビアは無政府状態にあった。ベンガジ領事館襲撃の模様は、ネットを通じて今でも確認することができる。事件はおおよそ次のような経過をたどった（アメリカのニュースチャンネルＣＮＮのまとめに依る）。

九月十一日午後九時四十分（現地時間）
領事館に武装民兵が侵入。領事公邸隣接の建物に火がつけられる。
午後十時
過激派の一部が公邸に侵入。トリポリから出張中だった大使をはじめ職員らは建物内の比較的安全な部屋に避難。同時に、公邸からおよそ一マイルのところに設けられたＣＩＡセキュリティー・オフィスおよびトリポリにある米大使館に襲撃を報告。過激派が建物内に侵入。
午後十時三十分
大使ら建物内に設けられた強固な金属格子に守られた特別防護室に移動。過激派がディーゼル・オイルを撒き放火。六人のＣＩＡメンバーと十六人のリビア警備兵が到着し、侵入者を排除。
九月十二日午前零時七分

国務省がホワイトハウス、国防省、ＦＢＩに対し、侵入者は過激イスラム派アンサール・アルシャリアであると報告。

午前一時十五分

トリポリから救援部隊到着。建物内にいたおよそ三十人を救出。

午前二時

特別防護室からスティーブンス大使が救出されるビデオが撮影される。煙によりすでに窒息死していた模様。

午前十時

すべての米国人、ベンガジから退去終了。

この事件のタイミングは、オバマ政権にとっては都合が悪かった。大統領選挙は二カ月後に迫っていた。選挙戦では、「イスラム過激派の封じ込めに成功した」として、オバマ外交の成果をアピールしてきたからである。危機を感じたのは選挙戦を戦っていたオバマ大統領だけではなかった。国務長官であるヒラリーも、外交官を守れなかった責任を問われる可能性が出てきた。各地に散る外交官の安全保障はその長である国務長官が全責任を負い、その責務には高いプライオリティー（高度な優先性）が課せられている。現役大使の殺害は、一九七九年（アドルフ・ダブス駐アフガニスタン大使）以来のことであり、ヒラリーの責任が追及されることは必定だった。

オバマ民主党政権はこの事件が政治的な瑕疵《かし》となって拡大することを恐れた。外交官に対しての侮辱行為、ましてや殺害に至る暴力行為は西欧文明でのタブーである。国民は外交官を襲う行為には激しく反発する。同時に、外交官を守れない政権に対する批判も高まる。オバマ政権の動きは迅速だった。ベンガジの公使襲撃事件は、国務省つまりヒラリー国務長官があらかじめ想定し防ぐことのできる性質のものではなかった。つまり「偶発的」事件であると国民に説明したのである。

オバマ政権はテロリストの首魁とされるビン・ラディンの殺害に成功した（二〇一一年五月二日）。リビアでも、独裁者ムアンマル・カダフィ大佐がリビア内戦の末、反政府組織によって殺害され（同年十月二十日）、リビアの民主化が期待される時期だった。イスラム過激派との戦い（対テロ対策）は九・一一事件以来の中東政策の根幹であっただけに、二人の大物が排除できたことは米国外交の成功のシンボル視された。独裁者の消えたリビアには民主主義に基づく安定がもたらされる。そう国民に説明している。クリストファー大使殺害事件はそのシナリオを崩し、オバマ外交はアラブ世界に新たな混乱の火種を播いただけではないかと批難される恐れがあった。カダフィの消えたリビアでは、民主化に向けての胎動が始まっていなくてはならなかった。したがって米大使殺害事件は、反米を標榜する政治組織の計画的犯行であっては都合が悪かったのである。

火消しの役目を負ったのはスーザン・ライス国連大使だった。事件のあった週末（九月十六日）のテレビ番組のいくつかに掛け持ちで出演し、政府の考えを代弁した。「事件の詳細は今後のFBIによる捜査を待つ」とした上で、ライス大使は次のように述べた。

「我々が現在持っている情報によれば、この（殺害）事件は偶発的なものであり、けっして入念に準備された性格のものではなかったということです。ちょうどこのころ、カイロで起こっていた事件に触発されたものでしょう。事件の起こる数時間前、カイロではイスラム教を侮辱するビデオが広まっていて、それに対する強い抗議が起きていたのです」（ABC放送の報道番組 Face the Nation での発言）

たしかにカイロでは、イスラム教を冒瀆するビデオがインターネットで配信されていた。それはアメリカで制作されたものだっただけに、カイロ市民の間に激しい反米の抗議活動が起きていた。ライス国連大使は、ベンガジでも、それに触発された一部の過激派が暴徒化し、米国領事館を襲ったのだ、と説明した。大使のテレビ出演に呼応して当該ビデオ制作に関わったとされる人物がロサンゼルスで逮捕された（九月二十七日）。「犯人」はエジプトからの移民で、コプト派キリスト教徒だった。彼はビデオの中で、預言者ムハンマド（モハメッド）を性的にだらしない人物として描いていた。表現の自由の問題もあり、制作者の逮捕は別件によるものだった。

ライス大使のテレビ出演とビデオ制作者の逮捕で、ベンガジの惨劇の責任問題は一件落着のはずだった。偶発的事件であり政権幹部に直接の責任はない、事件の再発を防ぐ対策を検討するとして幕が引けるはずであった。選挙を二カ月後に控えたオバマ大統領もテレビのトーク番組（デイヴィッド・レターマン・ショー）に出演し、事件の偶発性を訴えた（九月十八日）。しかし、この事件は政権が期待するシナリオどおりの展開を見せなかった。

十月に入ると、リビアにおける外交官の安全責任者が、セキュリティ強化を繰り返し要請してきたが国務省本省はこれを認めてこなかったと語った。外交官の安全確保は外務省（国務省）の最優先事項である。在外公館の安全確保については国務長官自ら（personally）確認し、万全を期すことが要求されていた。ヒラリー国務長官はこの最重要の責務を蔑ろにしていたのではないか、あるいは大きな判断ミスをしたのではないか、それを隠すために、ベンガジの惨劇は反イスラム・ビデオを見た過激派による偶発的事件、つまり予測不可能な事件として幕引きを謀ったのではないかとの疑惑が沸き上がったのである。

オバマ大統領は無事再選（十一月六日）されたが、ベンガジ・スキャンダルと命名された「隠蔽工作」疑惑は収まらなかった。年が明けた二〇一三年一月二十三日、ヒラリー国務長官はワシントン議会の証人喚問を受けた。彼女の体調が懸念される公聴会だったが、厳しい質問が続いた。彼女は四人の命が失われた責任は自分にあるとした上で、次のように述べた。

「何度も言ってきましたが、私の責任は認めます。（しかし）私ほどこの事件で惹起された問題の是正（注：在外公館の安全確保問題）に取り組んでいる者はおりません。国務省を、そしてもちろん我が国をより安全に、そして強力なものにしなくてはならないという固い信念を持っています」

彼女はこの言葉に続けて次のように言い放った。

「たしかに四人が亡くなりました。その理由は、（我が国外交に対する）抗議によるものか、（ビデオを見て興奮した）群衆が（偶発的に）、アメリカ人なら誰でも殺してやれと考えて起きたものかわかりはしません。（原因がどうであれ）そんなことはどちらでもよいことではありませんか（At this point, what difference does it make?）」

この物言いは、ビデオに映る彼女の表情や振る舞いと併せて理解されなくてはならない。このときの彼女の態度には、部下を死なせてしまったことに対する真摯な悔恨の情は見られなかった。

YouTubeで今でも確認できる彼女の証言を視た私はそのように感じたし、同じ思いを多くのアメリカ国民が持ったはずである。彼女には夫ビルとともに数多くのスキャンダルをくぐり抜けてきた歴史がある。彼女は嘘をついているのではないか。国民にそう疑わせた。彼女が国務長官の職を辞したのは、この証言のおよそ一週間後のことだった。

初めに書いたように、ヒラリー前国務長官は二〇一六年の民主党大統領候補争いの先頭に立ってはいる。しかし、脳血栓から危惧される体調不良の問題と、国民に事実を語らなかったらしいベンガジ・スキャンダルをめぐる証言は、彼女の政治生命を危うくしていることは間違いない。四人の命は戻らないが、ベンガジの惨劇がイスラム過激派により入念に計画されたものであれば、オバマ大統領の進める対テロ外交は、必ずしも政権が誇っているような成果を生んではいないことを意味する。それだけでなく、隠蔽工作を行っていれば、国民はヒラリーの政治家としての資質を疑うことになる。

調査委員会を指揮するガウディ下院議員（共和党）

先の中間選挙で共和党が躍進して上下院ともに多数派となったと書いた。当選した共和党下院議員にサウスカロライナ州（第四区）選出のトレイ・ガウディがいる。彼の選挙区は従前から共和党が強い土地柄だが、ガウディ議員の人気は突出している。二〇一二年の選挙では六割以上の支持を受け、民主党候補をダブルスコアで圧倒し、昨年の選挙では民主党は候補を立てることさえできなかった。

ガウディの政治信条は大統領府権限の肥大化に反対し、行政府による権力の濫用を警戒するものである。端的に言えば、議会権限の重視と小さな政府志向である。それは、共和党支持者の中から自然発生的に澎湃として湧き上がってきたティーパーティー運動の方向性と軌を一にした信条である。連邦政府組織の肥大化と大統領権限拡大の大きな流れを作ったのは、フランクリン・ルーズベルト大統領（民主党）だった。それは社会主義的な性格を持ったニューディール政策と対独・対日戦争遂行の過程で実現された。大きな政府を志向したルーズベルト外交が、アメリカを世界の警官に変貌させた。第二次世界大戦前に根強かった非干渉主義勢力は息を潜めてしまった。ここに至る経緯はハミルトン・フィッシュ元下院議員の先の書に詳しい（『ルーズベルトの開戦責任』）。

ガウディ議員の初当選は二〇一〇年であるが、当時の現職共和党議員に対して保守派有権者が世代交代を望んだ結果だった。共和党主流派は民主党とともに大きな政府づくりの共犯者でもあった。主流派に属する現職に対抗して登場したのが、連邦検事であったガウディ議員であった。彼には法律の専門知識と検事時代に培った尋問テクニックがあり、公聴会での質問スタイルは傍聴者をうならせることが頻りである。日本の国税庁にあたるＩＲＳ（内国歳入庁）の共和党支援組織に対する恣意的な嫌がらせ調査を糾弾した公聴会での彼の舌鋒は、見る者に彼の高い能力を印象づけた。彼は演説の名手でもある。彼のスピーチは、日本の政治家のジョークを交えた「うまい演説」とは趣を異にしたものであり、そのロジックだけで聴く者の心を揺さぶるのである。

ベンガジ事件特別調査委員会

共和党のスターともなったガウディ議員がいま、ヒラリーの大統領への道に立ちはだかっている。二〇一四年五月、下院にベンガジ事件究明のための特別調査委員会が設置され、彼が委員長となった。ベンガジ事件の幕引きを早々に図りたい民主党と、それに呼応する一部共和党主流派の思惑が外れた。

ガウディ議員は調査委員会の調べを急いでいない。もちろん特別委員会設置以前にもこの事件は調査されていた。たとえば下院監視委員会（Oversight Committee）の調査がそれである。しかし調査を指揮したダレル・イッサ委員長（カリフォルニア州、共和党）は、極度のオバマ嫌いから、党派性を剝き出しにした。そのことが、オバマ陣営にこの調査が「ためにするもの」だとの反論を可能にさせた。ガウディ議員は、自らの指揮する調査委員会の調査は、国民が納得できるフェアなものでなくてはならないと主張している。それが調査を急がない理由だ。

ゆっくりした彼の動きは民主党には不気味である。特に証人喚問が確実視されているヒラリー前国務長官にとっては気にかかる。私は、ガウディ委員長が調査のピークを二〇一六年の民主党大統領候補選に合わせてくるのではないかと推測している。次期大統領選挙で民主党が勝てる候補はヒラリー・クリントン前国務長官しかいないだろうと予測されているだけに、特別調査委員会の動向には目が離せない。共和、民主両党の政治駆け引きとは別に、事件で犠牲になった四人の遺族も、事件の真相が明らかになっているとは考えていない。ヒラリーの発した「（原因がどうであれ）そんなことはどちらでもよいことではありませんか」の発言にも憤っている。遺族の心情とフェアで慎重な調査を主張するガウディ委員長を前にして、民主党が望むような早期の幕引きは期待できないだろう。

ベンガジの惨劇をめぐる今後の展開に、アメリカ国民の目は注がれている。日本ではほとんど報道されないこのドラマの行方が次期大統領選挙を左右しよう。法廷ドラマ好きのアメリカ国民の多くが共和党のスター、ガウディ議員が、必ずや召喚されるであろうヒラリー前長官にどのような質問を浴びせ、彼女がそれにどう応えるかに興味津々である。

「ヒラリーとガウディのガチンコ対決（square off）を早く見たいものだ。面白い勝負になるよ」（検事時代のガウディ議員をよく知る法律家ジョン・デルガードの言葉。『ハフィントン・ポスト（*Huffington Post*）』紙、二〇一四年十一月二十二日付）

ベンガジ事件究明調査特別委員会で繰り広げられるだろう二人の対決は、世界の警察官外交を続けようとする勢力と、第二次世界大戦以前の小さな政府への回帰を願う勢力とのせめぎ合いでもある。対決の帰趨はアメリカの対日外交にも影響を与えることになろう。機会があれば、このドラマの帰趨を日本の読者に伝えたいと考えている。

（「ヒラリーの新たなスキャンダル」『Ｖｏｉｃｅ』ＰＨＰ研究所、二〇一五年一月）

干渉主義外交（ヒラリー外交）は修正されるか

ベンガジ事件とヒラリー・クリントンの辞任

本誌二〇一五年二月号に、民主党大統領候補として最有力視されているヒラリー・クリントン前国務長官の抱えているベンガジ事件の責任問題について書いた。ベンガジ事件とは、二〇一二年九月十一日にリビア東部の港湾都市ベンガジで、米駐リビア大使であったクリストファー・スティーブンス大使が殺害された事件である。現職の大使が犠牲になったのは一九七九年のアドルフ・ダブス駐アフガニスタン大使の殺害以来のことであった。

この事件をきっかけにしたかのように、当時国務長官として世界各地を文字どおり駆け巡ってアメリカ外交の先頭に立っていたヒラリー・クリントンは体調を崩した。二〇〇九年三月の国務長官就任以来、およそ百万マイルを移動していた。外遊に費やした総数は四百一日にのぼる。複数訪問の国をカウントすれば、延べ二百十四カ国を訪問した。しかし事件から三カ月後の二〇一二年十二月十三日、自宅で一人でいるときに脳震盪を起こして倒れた。ウイルス性胃腸炎による脱水症状から回復していたと思われている時期であった。脳血栓が起きていたのではないかとの推測があるが、はっきりしない。いずれにせよ、休養が必要と判断したのだろう、二〇一三年二月一日に職を辞した。まだひと月の任期を残していた。

辞任の一週間前の二〇一三年一月二十三日、ヒラリーは上院外交問題委員会の証人席にいた。そこで彼女は次のように発言した。

合衆国は、これまでどおり中東そして世界の外交をリードする役目を果たさなければなりません。四年間その方針でやってきました。いまその積極的な外交を止めるわけにはいきません。アメリカが抜けてしまえば、たちまち不安定化するところが世界各地にあるのです。

過激主義者は根深く浸透し、アメリカの国益とアメリカ国内の安全を脅かしています。スティーブンス大使はそうした危険をよくわかっていました。危険を承知で出かけて行ったのです。

つまり、ベンガジの大使殺害事件は不幸であったが、この地域に民主主義を導入する作業は簡単ではない。これに怯《ひる》むことなく、これまでどおりの世界の警察官外交を継続すると主張したのである。これに対して共和党議員からは二つの問題点が指摘された。

一つは、ヒラリーが演出したらしい国民への虚偽の説明であった。スーザン・ライス国連大使が事件のあった週末のテレビ番組に立て続けに出演し、大使殺害は偶発的事件だと説明した。ロサンゼルスで制作された反イスラムのビデオがインターネットで配信され、それが反米感情に火をつけ、怒った群衆がアメリカ人なら誰彼構わず襲った。その犠牲者がスティーブンス大使だと説明した。

しかし、実際はかなり入念に計画された大使を狙った組織的犯行であった。そのことをホワイトハウスは早い段階で摑んでいた。当時は大統領選挙戦がヒートアップしていた時期だった。アメリカが主導した「アラブの春」の象徴がリビアのカダフィ政権の転覆であった。カダフィの去ったリビアでの混乱はオバマ大統領（ヒラリー国務長官）の外交成果に冷や水を浴びせる可能性があった。共和党議員は選挙目的で国民に虚偽の説明をしたのではないかと証人席のヒラリーを追及した。

もう一点はより深刻な問題であった。オバマ政権は、議会の承認なくしてリビアの反カダフィ勢力に武器を提供し、カダフィ亡き後にはリビアに残った武器をシリアに送っているのではないかという疑惑だった。

「我が国は、リビアで武器を仕入れてトルコなどに送っていなかったか」

こう質問したのは、現在共和党大統領候補の一人であるランド・ポール上院議員（ケンタッキー州）だった。つまり、NATO軍の攻撃に備えてカダフィ政権が大量に保有していたMANPADS（携帯式対空ミサイル）をトルコ経由で、シリアの反アサド政権組織に流しているのではないかとの疑念を呈したのである。この問いに表情を変えながらも「知らない」とヒラリーは答えたのである。

ヒラリーは、極度の緊張を強いられたこの証人喚問の一週間後に辞任した。

増幅する疑念と証拠隠滅疑惑

ベンガジ事件については、米国上下両院であわせて七つの委員会がこの問題の調査に当たったことからその関心の高さが窺える。これらの調査に加えて、国務省内に説明責任委員会（ARB）が設置された。ARBの報告書では、在外公館の安全管理が十分でなかったことを明らかにされ、ヒラリーもその責任を認めた。これで一件落着になるはずであったが、しかし幕引きとはならなかった。

二〇一四年五月に新たに下院にベンガジ事件特別調査委員会が設立されたのである。幕引きを図りたかった民主党だが、議会多数派である共和党に押し切られた。委員長には共和党の若手のスター、トレイ・ガウディ議員（サウスカロライナ州）が就いた。州検察官の経歴を持つガウディ議員の舌鋒の鋭さについては二月号で詳述した。

共和党がこの特別調査委員会を設置するとした主張には十分な根拠があった。国務省が、それまで設けられていた調査委員会に対して請求された資料の多くの提出を拒み、また明らかに事情を知っていると思われる人物の証言を「妨害」していた。したがって共和党は、国民に対する特別調査委員会設置の必要性を容易に説明できた。

特別調査委員会が最も関心を示したのは、ヒラリーのEメールの記録であった。ベンガジ事件について彼女がどれほどの情報を持っていたか、その情報は誰からもたらされたのか、彼女はどのような指示を出していたかなどは、彼女のメールを精査すればわかるはずであった。

ところが、その入手が予想外に難航した。国務省からそれが出てこないのである。もちろん国家機密情報が含まれていることは間違いない。しかし、それについては非公開にすればよい。国務省が前国務長官のメールの公開を渋ったのには理由があった。彼女は個人サーバーを使ったメールを使用していたのである。当然であるが、政府高官はその業務にはセキュリティ対策上、政府の管理するサーバーの使用が義務付けられている。

この問題については日本でも報道されている。次の二つの記事がその典型である。

「2016年の米大統領選で民主党の最有力候補とされるヒラリー・クリントン氏が国務長官時代に個人メールアカウントを公務に利用していたことが判明し、苦境に陥っている。同氏の周辺は火消しに躍起だが、共和党側は格好の新たな攻撃材料とみて攻勢を強める構え。民主党内にも選挙への影響を懸念する声が出始めた。政府高官の書簡やメールは連邦記録法で保管が義務付けられており、高官は通常は政府のアドレスを使う。クリントン氏は昨年、国務省の要請を受けて5万5千ページ分のメールを提出したが、全て引き渡したかの確認は難しいなど透明性に疑問が残る」(二〇一五年三月七日付『日本経済新聞』)

「次期米大統領選の民主党有力候補のヒラリー・クリントン氏は八日、国務長官在任中に公務で私的な電子メールアドレスを使っていた問題について『間違いだった』と初めて謝罪した。クリントン氏はABCニュースとのインタビューで、『責任は私にある』と認めた。一方で、規定に違反する行為はなかったとの主張も繰り返した。この問題をめぐっては、米連邦捜査局(FBI)が電子メールに機密情報が含まれていなかったかどうか調べている」(二〇一五年九月九日、ロイター)

上記の記事にもあるように、ヒラリーの行為は連邦記録法違反である。重大な国家機密漏洩の可能性もある。それだけに彼女は素早く謝罪した。しかし、その謝罪は火消しにはならなかった。彼女は自宅に設置されていたサーバーから、自身のメール記録をすべて消したのである。このヒラリーの行為にガウディ委員長が、怒りの声明を発したのは二〇一五年三月二十七日であった。ヒラリーはさらに怪しい行動をとった。ヒラリーの主任スタッフであったシェリル・ミルズに対して、彼女の持っている記録からもヒラリーのメールの破棄を要求していた。ミルズの顧問弁護士はその要求に従わないようアドバイスした（二〇一五年八月）。

ヒラリー証人喚問

二〇一五年十月二十二日、ベンガジ事件特別調査委員会はヒラリーの証人喚問を実施した。私は、喚問の模様をインターネット放送で見た。発言録を読んだほうが効率的ではあるが、発言者の表情や振る舞いを確認したかったのだ。ヒラリーの動作には、不愉快なあるいは意表を突いた質問を受けるときの癖がある。頬杖をつく、手元の水を飲む、動揺を隠すかのように手元の資料に目をやり質問者を見ない。発言録ではその癖をいつ見せたか確認できない。丸一日を要した喚問だった。

委員会は委員長トレイ・ガウディ（共和党）、副委員長エリジャ・カミングス（民主党）以下、共和党六、民主党四のメンバーで構成されている。現在の議会は上下院とも共和党が与党である。それを反映した構成だ。質疑はメンバーが予め与えられた時間を使って証人に質問する。それが二度繰り返される。証人の回答によって持ち時間が不足するが、その場合の交通整理は委員長が仕切ることになる。

議会の野党民主党にとって、ヒラリーは来年（二〇一六年）の大統領選挙に向けての最有力候補であるだけに、彼女にこれ以上のダメージを与えたくない。民主党の戦略は単純だったが効果があったようだ。同党の委員は、その発言の端々に、この調査委員会はヒラリーのイメージを傷つける意図を持つ党派性の強いものだと繰り返した。「調査委員会は税金の無駄使いだ」「委員会にはヒラリーを貶める悪意がある」「ヒラリー国務長官は十分に国に貢献した」といったものであった。したがって、民主党の質問からは本誌読者に伝えられるものは何もない。

やはり興味深い質問は共和党委員から出てきた。それによって私は新しい事実をいくつか知ることができた。

「アラブの春」の演出者はヒラリー・クリントン

「アラブの春」は中東における民主化の動きを象徴する言葉である。「アラブの春」のきっかけとなったのは、チュニジアにおける青年の焼身自殺であった（二〇一〇年十二月）。その後、エジプト、ヨルダン、アルジェリアに反政府運動が活発化し、エジプト・ムバラク政権が崩壊した（二〇一一年二月）。リビアが、東部ベンガジに拠点を置く反カダフィ勢力との内戦状態に陥ったのはこのころである。三月に入るとNATO軍を中心とした多国籍軍がリビアを空爆する。（この攻撃に備えてカダフィは大量のMANPADSを準備した）。また同時期にシリアでの反政府運動が活発化した。五月に入るとG8で中東民主化支援が決定された。リビアでは反政府勢力が首都トリポリを征圧し（八月）、カダフィが殺害されるのである（十月）。

この時系列からも明らかなように、カダフィの排除は中東民主化のシンボルであった。しかしカダフィ排除にアメリカが関わることには多くの反対があった。それにもかかわらず、それを実行したのがヒラリーであることがわかったのは、ピーター・ロスカム議員（共和党イリノイ州）の質問からであった。

カダフィ排除政策にバイデン副大統領、ロバート・ゲイツ国防長官は反対であった。国務省内にも積極派は少なかった。彼らは、どれほど動機が正しくても、干渉（カダフィを排除）すれば、それがもたらす混乱と不安定のリスクが高いことを憂慮した。迷うオバマ大統領を説得したのはヒラリーであった。彼女は証人喚問において、最終的な決断はあくまで大統領がしたものであること、また殺害されたスティーブンス大使は積極的介入を肯定する立場であったことを明らかにした。また、介入の動機はフランスなどのヨーロッパ諸国の強い要請であったとも述べた。あたかも彼女自身はカダフィ排除に受け身であったような物言いであった。これに対してロスカム議員は、「アラブの春」の設計者（architect）はヒラリーであると断じたのである。

私的アドバイザーの存在

歴代のアメリカの大統領には、私的顧問《アドバイザー》を使った者が少なくない。ウッドロー・ウィルソン大統領はマンデル・ハウスを、フランクリン・ルーズベルト大統領はハリー・ホプキンスを重用したことはよく知られている。ハウスも、ホプキンスも大統領就任以前からの付き合いで、かつ両大統領の就任に大きな貢献があった。大統領にとって、日々の重責の中にあって、心から安心できるアドバイザーが身近に存在することは心強いに違いない。しかし、彼らはいわば令外官である。官僚組織や議会の監視のきかない危ない存在となり得るのである。

大統領職を目指すヒラリーにそのような人物がいたことが、証人喚問の中で明らかになった。この問題を指摘したのは委員長のガウディ議員だった。彼はヒラリーに、シドニー・ブルメンソールとの関係を質《ただ》した。質問の中で、彼女がオバマ政権の大統領府スタッフとして同氏の採用を画策したこと、しかし大統領府はそれを拒んだことが明らかにされた。ヒラリーは、ブルメンソールがその後、夫ビルの運営するクリントン財団に採用されたことを明らかにした。ガウディ議員は、ヒラリーと同氏の間で頻繁に交わされたメールのやりとりを指摘した。ブルメンソールは彼女の中東政策、特に対リビア政策にも多くのアドバイスを行っていたのである。ヒラリーは、彼のアドバイスを求めていなかったと強弁したが、ガウディ議員は、中東問題の素人である民間人のアドバイスを受けることの危険性を指摘したのである。

委員長が指摘した「令外官」問題の重要性をメディアも認めている。CNNは次のように書いている(二〇一五年十月二十三日付)。

「ブルメンソールはヒラリーの最も信頼する人物の一人である。夫のビルとヒラリーは同氏と三十年前に知り合いとなった。彼は、ビルが大統領弾劾の危機にあったときにビルを支え、これが二人との関係を深めた。元ジャーナリストの同氏は一九九七年から二〇〇一年にかけて、ホワイトハウスのシニア・アドバイザーとなり、主に広報対策に当たった。ブルメンソールは、クリントン（ヒラリー）に多くのEメールを送っており、リビア問題を含む外交政策のアドバイスを行っていた」ヒラリーの中東政策が、外交専門家ではない、選挙対策の専門家である一介の民間人のアドバイスによって設計されていたことが明らかになったのである。

この問題については民主党委員と共和党委員の間で興味深いやりとりがあった。副委員長のカミングス議員が、公開されていないブルメンソールのEメールの内容を委員会は公表すべきだとして、その是非の採決を求めたのである。委員会はこの動議を否決した。私は、これは共和党が否決せざるを得ないことを知った上での高等戦術だったと思っている。リビアは混乱の極みにある。中東全体がヒラリーの演出した「アラブの春」で流動的になり、イスラム原理主義が台頭した。カダフィ時代のリビアでは抑えられていたアルカイダの活動が活発化した。その失敗の元凶となっただろうブルメンソールのEメールには、アメリカの国益を危うくする内容が含まれているだろうことは想像に難くない。国益を考えれば非公開にせざるを得ないことを知った上で、民主党は公開要求をしたのだろうと私は疑っている。

Eメールについては、先にヒラリーが多くを自身のサーバーから消去したことを書いたが、今回の証人喚問では、この怪しい行為についてはほとんど取り上げられなかった。その理由は、この件についてはすでにFBIの捜査が入っているからであろう。FBIが消去されたメール内容を回復できれば、新たな展開が予想される。

プーチンのヒラリー外交への対応（シリア問題）

プーチンのロシアは、アメリカ（ヒラリー）主導の「アラブの春」の演出に対して抑制的な外交を取ってきた。しかし、その動きがシリアに及んでからは満を持したかのように動きだした。プーチンはヒラリーの進めてきた裏の外交の全貌を摑んでいるのだろう。カダフィ亡き後のリビアにアルカイダが入り込み、イスラム原理主義グループが同国の混迷を深めていることや、アメリカによってリビアでの余剰兵器（ＭＡＮＰＡＤＳ）がシリアの反政府組織に供給されている事実も摑んでいるはずである。また、アメリカ国内にも中東政治への積極的介入に懐疑的な勢力が根強いことを知っている。シリアのアサド政権を崩壊させれば、リビア以上の混沌が生まれることは想像に難くない。

プーチンはアサド政権支援を鮮明にした。私は、プーチンが打ち出した外交方針に安堵したのは、むしろアメリカではないかと思っている。アメリカ国内には、たとえそれがいかに民主主義的体制とは程遠くても、政治的安定には代えがたいと考える勢力は少なくない。アサド政権が、仮にアメリカが主張するような非人道的な政府であっても、同国の政治的な安定は、中東全体に原理主義勢力が跋扈《ばっこ》する事態よりも好ましいと考えるのである。そうしたグループは、プーチンがシリアに対してはっきりと支援の立場を表明したことで、これまでヒラリーが進めてきた積極的介入外交に舵を切れる口実ができたと、ほっとしているのではなかろうか。

ベンガジ事件特別調査委員会はこれからも継続する。ガウディ委員長はまだ二十名ほどの証人喚問を予定していると述べている。委員会のこれからの調査は、民主党大統領候補選の行方だけではなく、アメリカの中東政策とプーチン外交にも影響する。今後も同委員会の動向には目が離せない。

（「ヒラリー外交は修正されるか」『Ｖｏｉｃｅ』二〇一五年十二月）

ドル覇権に挑むプーチンの資源戦略

世界は複雑系である。もはや世界の事象を因果律で語ることはできない。そうはいっても、これからの世界がどう動いていくのかについて考え続けなければならない。多くの学者や評論家、あるいは政治家が将来予測を語る。私はそうした書の信頼性を判断する場合、著者の歴史観がしっかりしたものであるかどうかをまず確認することにしている。歴史を理解する者が将来予測をしたからといって、それが必ずしも正しいものとは限らないが、歴史知らずが書く将来予測は必ず間違うことだけははっきりしている。

私が本書『コールダー・ウォー』[*1]を書店店頭で見つけたのは本年（二〇一五年）初頭のことだった。手に取った最初の理由は書店に平積みされていたからであるが、購入を決めたのは私の信頼する政治家ロン・ポール元下院議員（テキサス州）の推薦の言葉であった。彼は議員引退後もアメリカの保守回帰を目指すティーパーティー運動の精神的・理論的支柱になっている政治家である。前回の大統領選挙では共和党代表選で最後まで善戦はしたものの、最終的にミット・ロムニー知事（マサチューセッツ州）に敗れた。ロン・ポール氏は次のような推薦を寄せていた。

「本書の分析は、『プーチンはミニ・スターリンである。彼は新たな冷戦を仕掛けている』とヒステリックに訴える、我が国の主要メディアやネオコン（新保守主義者）のコントロールするシンクタンクの分析とは好対照をなす。著者のカツサ氏はプーチンの過去の業績とこれからの世界戦略を客観的事実によって読み解いている。彼の分析は、我が国の真の敵は、プーチンではなく、あまりに干渉主義的な我が国の外交政策と破滅的な貨幣政策にあることを明らかにしている。また規制ばかりの我が国のエネルギー政策がアメリカ国内のエネルギー資源開発を阻害していることも赤裸々にしている」

本書を読了された読者であれば、この推薦文が正鵠を射ていることを理解するに違いない。アメリカの二十世紀初頭に設立された中央銀行（連邦準備委員会　ＦＥＤ）による放漫な貨幣政策と、フランクリン・ルーズベルトが完成させた過度な干渉主義的外交政策（世界の警察官外交）のもたらした「二つの混乱」を理解できなければ、プーチンの進める世界戦略（アメリカのドル覇権への挑戦）の本質がわからない。プーチンの長期戦略がこの二つの政策への挑戦であるからだ。だからこそ冒頭に書いたように、歴史を知らない者には現状分析も将来予測もできないのである。

「二つの混乱」の是正を訴えて小さな政府への回帰を求めている保守グループが共和党内に自然発生的に現れたティーパーティーだ。プーチンの戦略が、ティーパーティーの人々が指摘する「二つの混乱」によって蝕まれたアメリカの弱体化を利用しているものであるだけに、彼らは本書のプーチン分析が明確に理解できるのである。

本書の米国での上梓は昨年（二〇一四年）十一月であったが、たちまちニューヨーク・タイムズ紙でのベストセラーリストに載った。アマゾンの読者書評も高評価がほとんどである。本書を読了された読者であれば、これほどのアメリカ批判の書がアメリカ国内で反発を生まないことに驚くかもしれない。しかしアメリカ国内では、本書が指摘するアメリカの「二つの混乱」はよく理解されている。特に大学生を中心とした若年層の危機感が強い。上述のロン・ポール元下院議員は日本ではほとんど知られておらず、彼の主張が紹介されることはない。大学生の間におけるロン・ポール元下院議員の人気は高かった。彼らの危機感があったからこそ、ロン・ポールは先の共和党大統領候補選で途中脱落することなく最後まで戦えたのである。

二十一世紀に入って、著者マリン氏やティーパーティーが指摘するアメリカの「二つの混乱」を象徴する二つの大きな事件があった。

まず二〇〇一年の九・一一世界同時多発テロ事件である。この事件によってアメリカは世界の警察官外交を一層強化した。極めつきはイラクとリビアである。サダム・フセインとムアンマル・カダフィの排除は、むしろ中東地域の混迷を深めるだけであった。特にサダム・フセイン政権を崩壊させたことは、アメリカのペトロダラー・システムの鎹《かすがい》であったサウジアラビアとの関係を大きく毀損した。親米の国さえアメリカ嫌いにさせる傲慢なアメリカ外交の象徴である。

荒っぽいアメリカ外交に気づいているアメリカ国民は多い。そうした危機感を持った本書の読者（アメリカ国民）が、プーチンの外交がより抑制的であり、長期的グランドデザインに基づいていることに驚いたことは想像に難くない。そしてあらためてアメリカ外交は変わらなければならないと考えるのである。

もう一つはリーマンショックである（二〇〇八年）。本書でも明確に指摘されているように、貴金属とのリンク（鎖）から解き放された貨幣は、あたかも悪性の癌のように増殖を始める。アメリカのドルは貴金属とのリンクを石油取引とのリンクに置き換えること（ペトロダラー・システム）で長らくその命脈を保ってきた。プーチンはアメリカのドル覇権に挑戦を決めた。タダ同然で刷った紙切れ（ドル札）の上に胡坐《あぐら》をかき続けるアメリカへの戦いを始めたのである。この戦いは軍事力の勝負ではない。システムづくりの知恵の戦いである。世界の交易は、本書が指摘するように、ドルを介在させない取引に徐々にシフトしようとしていることは間違いないのである。

アメリカはこの二つの混乱の是正ができるのであろうか。これは誰にもわからない。著者カッサ氏は悲観的だ。しかし皮肉にも彼のこの書がベストセラーになったことが、アメリカの将来の光明である。つまりアメリカには、本書の指摘を理解する層が明らかに増えているのである。特にアメリカの大学生を中心とした若者が「二つの混乱」の真の原因をわかってきていることに注目したい。彼らこそが先に述べたティーパーティー運動の核の力になっているのだ。

アメリカは現在のシステムの中で利益を享受する既得権益層とアメリカの病巣を理解する層とのせめぎ合いが続いている。大学生に代表される若い世代の知識人層に支持される運動は、長期的には必ず力をつける。それは歴史が証明している。問題は、本書が予想するカタストロフィが発現する前にアメリカの切り替えが間に合うかどうかである。

翻って日本の状況だが、アメリカよりも悪いのではなかろうか。アメリカは既得権益層の抵抗を受けながらも、世界の警察官外交から方向転換し、アメリカの安全保障に直結する地域のみの防衛に集中するだろうし、財政規律の回復を目指すだろう。単純化した物言いをすれば、ティーパーティー運動が目指す「小さな政府への回帰」が始まらざるを得ないのだ。しかし日本では小さな政府を目指す政治勢力はない。ティーパーティー運動に相当する動きはどこにもない。したがって、アメリカのこれからの潮流を理解できない。

またプーチンの戦略は、冷徹なエネルギー安全保障を軸にした外交であるが、福島原発事故以来、日本のエネルギー政策は完全な迷走を始めた。日本の政治家は国内の感情的議論への対応にそのエネルギーの大半を割かれている。たとえば、再生エネルギー資源を求める動きは、真に必要なエネルギー資源の安定確保のための現実的政策遂行にブレーキをかける。冷静な議論はもはやマスメディア上では期待できない。しかし対米・対露外交の基本方針は、エネルギー安全保障政策なしでは立案できないのである。

日本の指導者に期待したいのは、世界の動きを理解する努力だけは怠らないことである。いま起こりつつあるのは、世界の経済システムの大枠の変化である。百年単位でしか起こらない変化が、いま起きている。本書はその変化の本質を明確に示しているのである。

（マリン・カッサ著『コールダー・ウォー』「訳者あとがき」草思社、二〇一五年）

注

＊1　原題は *THE COLDER WAR: How the Global Energy Trade Slipped from America's Grasp*, John Wiley & Sons Inc., 2015.

あとがき　劣勢に向かうアポロジスト（釈明史観主義者）の歴史観

「はじめに」にも書いたように、本書に纏めた論考は、いわゆる「歴史修正主義」と一般には揶揄《やゆ》されている考えに基づいている。「主義」という用語が使われてはいるが、唯物史観のように、ためにする史観ではない。単純に言えば、ルーズベルトやチャーチルの進めた外交を懐疑的に見る史観である。戦前のドイツや日本が格別「良い国」であったとする主張でもない。

ドイツや日本が仮に「悪い国」であったとしても、そこに至る原因にベルサイユ体制の不正義や、日本人への人種差別があったことも見逃してはいけないと考える。二つの「悪い国」の矯正に、あの悲惨な第二次世界大戦は不要ではなかったかと考える。大戦を回避していれば新たにソビエトというモンスターは生まれなかったし、冷戦の悲劇もなかったと考える。そういう史観である。

日本ではこのように考えることがまるで倫理的に〝悪〟のように思われている。アメリカがそう主張するからである。実はアメリカ国内でもルーズベルトやチャーチルの進めた外交を軽蔑する政治家や歴史家は多いのである。

そうした人物による著作をハーバート・フーバー元大統領が一覧表にしてくれている（『裏切られた自由[*1] *Freedom Betrayed*』八八九頁）。執筆者は、歴史家だけではない。ルーズベルトを身近で見てきたジャーナリスト、政権幹部、米軍幹部、ヨーロッパ各国の指導者など錚々たる顔ぶれである。従って、歴史修正主義はけっしてマイノリティーの見方ではない。ただ、ルーズベルトの後に続いた政権（民主党、共和党を問わず）やその意を受けたメディアが、そうした史観の発表を妨害し、その著者を侮蔑した結果、マイノリティーと誤解されているだけである。

フーバーの書にはルーズベルトやチャーチルの外交を是とする書の一覧もある（前掲書八八八頁）。そうした史観を持つ者は、「アポロジスト（Apologist）」と呼ばれている。「釈明史観主義者」とでも訳すことができよう。執筆者には、歴史家もいるが、チャーチル本人を含め、当時の外交をリードした政府高官やその親族が多い。

私が「アポロジスト」の書を信用しない理由は、明らかに重要だと思われる史実を、意図的か無意識かは知らないが、取り上げないからである。チャーチルの書にそれが特に顕著なことはフーバーが指摘している。アポロジストは、本書でも取り上げたタイラー・ケント事件（ルーズベルト大統領が英国首相に隠れて一介の大臣（海軍大臣）であるチャーチルと直接交信を続けていた事件）や、ルーズベルトの抱えた重篤な病を書かない。あるいは、ルーズベルト夫人であるエレノアの左翼思想にも触れようとしない。政権内部に侵入したソビエトのスパイの外交に与えた影響にも目をつむる。

私は、ルーズベルトやチャーチルの進めた外交を批判的に見る歴史観が今後は優勢になっていくと信じている。本年中に、ハーバート・フーバー元大統領が著した『裏切られた自由』を翻訳上梓（草思社）する予定である。この書は、歴史修正主義の集大成である。千頁前後の大著になるが、これまで知られていなかったあの戦争の実態が、膨大な資料をベースに赤裸々に語られている。「アポロジスト」はますます劣勢に追い込まれることになろう。

本書編集にあたり今回も草思社編集部の増田敦子さんと、校正を担当してくれた川鍋宏之さんの協力を得た。この場を借りて感謝の意を表したい。

二〇一六年春　渡辺惣樹

注

＊1　Herbert Hoover, *Freedom Betrayed*, Hoover Institution Press (edited by George H. Nash), 2011.

著者略歴――――
渡辺惣樹《わたなべ・そうき》
日米近現代史研究家。1954 年生まれ。東京大学経済学部卒業。日本未紹介の膨大な米英資料を読み込み、開国以来の日米関係を主義・主張を排した合理的な視点をもって解釈した一連の著作が注目を集める。著書に『日本開国』『日米衝突の根源 1858-1908』『日米衝突の萌芽 1898-1918』(第 22 回山本七平賞奨励賞)『朝鮮開国と日清戦争』『ＴＰＰ 知財戦争の始まり』、訳書に『日本 1852』『日米開戦の人種的側面 アメリカの反省 1944』『アメリカはいかにして日本を追い詰めたか』『ルーズベルトの開戦責任』『ルーズベルトの死の秘密』『コールダー・ウォー』『ダレス兄弟』(いずれも草思社刊)。

アメリカの対日政策を読み解く

2016 年 4 月 4 日　第 1 刷発行

著　者　渡辺惣樹
装幀者　藤村　誠
発行者　藤田　博
発行所　株式会社 草思社
〒160-0022　東京都新宿区新宿 5-3-15
電話　営業 03(4580)7676　編集 03(4580)7680
振替　00170-9-23552

本文印刷　株式会社三陽社
付物印刷　中央精版印刷株式会社
製本所　加藤製本株式会社

ISBN978-4-7942-2193-3 Printed in Japan　検印省略